일생에
한번은
헌법을
읽어라

흔들릴 때마다 삶의 중심을 잡아주는
기준에 관하여

이효원 지음

일생에 한번은 헌법을 읽어라

현대
지성

인생이 허무할 땐
헌법을 읽는 것이 좋다

나의 관심사는 '나'입니다. 나에게 관심이 많다는 것은 '지금, 여기'라는 구체적 현실에 실존하는 고유한 나 자신을 알고 싶다는 의미입니다. 현재 대한민국은 나를 구성하고, 나는 대한민국을 구성합니다. 사랑이라는 집이 믿음이라는 대지 위에 소망이라는 설계에 따라 지어지듯 나는 대한민국에서 헌법憲法을 기준으로 살고 있습니다. 국가도 헌법도 '또 다른 나Alter ego'입니다. 나는 헌법을 잣대로 나와 대한민국을 성찰합니다.

헌법을 공부하게 된 것은 우연이었지만 학문으로 탐구하게 된 것은 운명이었습니다. 나는 헌법을 공부하면서 각 조항이 나의 일상에 어떤 의미와 방향을 제시하는지 고민하게 되었습니다. 헌법이란 국가의 미래상을 제시하는 핵심가치를 요약한 근본규범입니다. 한 나라의 최고법인 헌법에 대한 공부는 추상적으로 이론화된 지식인 '소피아 Sophia'가 아니라 구체적으로 실천하는 지혜인 '프로네시스 Phronesis'로 발전하는 것이 바람직합니다. 그래서 나는 헌법을 읽으며 나와 대한민국을 돌아보고, 반성하고, 각오를 다지게 되었습니다.

나는 헌법을 읽고, 쓰고, 말하고, 듣는 과정을 거치며 나 자신과 대한민국을 사랑하게 되었습니다. 우리나라가 훌륭한 헌법을 가지고 있다는 것을 재확인했고, 꽤 괜찮은 국가라는 생각도 했습니다. 우리 헌법은 인간과 세계에 대한 사랑에 기초해 자유, 정의, 평화를 비추는 등대의 역할을 하고 있습니다. 애국은 헌법적 가치를 사랑하는 것이자 그 헌법을 지닌 대한민국을 사랑하는 일이라는 사실 또한 깨닫게 되었습니다.

나는 대한민국을 사랑합니다. 사람에 대해서는 이유 없이 또는 이유를 모르고 사랑하는 것이 자연스럽습니다. 사랑하지 못하는 이유는 있지만, 사랑하는 데에는 이유가 없기 때문입니다. 하지만 국가에 대해서는 다릅니다. 우리는 국가 그 자체를 사랑해서는 안 되고, '국가를 사랑하는 이유'를 사랑해야 합니다. 국가를 향한 맹목적인 사랑은 모두를 파멸시킬 위험이 있기 때문입니다.

우리가 대한민국을 사랑하는 이유는 바로 헌법적 가치 때문입니다. 헌법적 가치는 내가 마주하는 '너'를 인격적 존재로 인정하고, 제삼자인 '그'를 인격적으로 대하는 것을 모두 포함합니다. 더 나아가 '너'와 '그'가 서로를 인격적으로 존중할 때, 그래서 우리 모두가 서로를 인정하고 받아들일 때 비로소 모든 사람이 인간의 존엄과 가치를 지킬 수 있을 것입니다. 그것이 바로 대한민국 헌법이 그리는 바람직한 미래상이기도 합니다.

헌법은 전체를 관통하는 하나의 관점으로 읽는 것이 좋습니다. 나의 헌법관은 한마디로 정의하면 '낙관적 허무'입니다. 이는 인간과 국가에 대한 불신이 깊다는 뜻입니다. 세상은 "돈도, 명예도, 사랑도 다 싫다", "사랑도 명예도 이름도 남김 없이"라는 노래 가사만큼 허무한 곳입니다. 그러나 나는 허무에 허물어지기보다 불가능에 도전하는 의지로 충만한 허무를 낙관합니다. 무화無化된 것에서 모든 것이 시작될 수 있듯이, 헌법을 통해 나와 국가도 새롭게 태어날 수 있다고 믿습니다.

이 책은 독자들이 헌법을 가볍고 쉬운 기분으로 편하게 일독하면 좋겠다는 생각에서 기획되었습니다. 헌법 전체를 조문 순서대로 제시하며 그 객관적인 의미와 핵심 내용을 기술했습니다. 일생에 한번 헌법을 읽는다면 지루하고 따분하게 조항만 읽는 것보다는 그 안에 담긴 속뜻까지 자세히 알고 파악하는 것이 좋겠지요. 더불어 헌법에 익숙하지 않을 독자들을 위해 살면서 문득 떠오를 만한 일상적인 고민도 함께 담았습니다. 정리하면, 이 책은 헌법의 규범적 의미를 객관적으로 소개하고 그에 대한 나의 내면적 사유를 주관적으로 드러낸 것입니다. 이를 통해 헌법의 모든 조문은 추상적 담론이 아니라 개개인의 구체적 생활양식이 될 수 있다고 믿습니다.

내면의 고민을 글로 풀어내는 것은 용기가 필요한 일입니다. 글을 쓰기 위해 자기 자신을 돌아보는 염치를 반복해야 하고, 그렇게 적힌 글은 말과 달리 돌아오는 잔도棧道를 끊어버리기 때문입니다. 이 책으로 타인에게 말을 걸어 훈고訓詁할 의도는 없습니다. 그저 자기 검열을 드러내는 것일 뿐입니다. 어차피 별 볼 일 없는 50대 후반 나의 편린을 드러내는 쑥스러움은 견뎌야겠지요. 독서는 과거의 스승을 만나는 일이고, 저서著書는 미래의 현자를 미리 만나는 일이라고 스스로를 위로해봅니다.

　글을 쓰며 나 자신과 대화를 나눌 수 있어 좋았습니다. 이 책이 어쩌면 일생에 단 한번 헌법을 읽게 될 독자와 함께 헌법, 대한민국, 자신에 대한 생각을 나눌 기회가 되면 좋겠습니다.

2024년 8월

이효원

목차

전문

1948년 헌법의 탄생
그리고 1987년 9차 개헌

헌법은 언제 제정되었을까요?

제헌절制憲節은 삼일절, 광복절, 개천절, 한글날과 더불어 5대 국경일로 기념합니다. 우리는 1945년 8월 15일 일제로부터 해방되었지만 3년 뒤인 1948년에야 헌법을 만들었습니다. 1948년 5월 처음으로 보통선거를 통해 선출된 제헌국회制憲國會가 7월 12일에 헌법을 제정하고 7월 17일에 공포했습니다. 이후 9차례 개정되어 오늘날에 이르렀습니다.

전문

유구한 역사와 전통에 빛나는 우리 대한국민은 3·1운동으로 건립된 대한민국임시정부의 법통과 불의에 항거한 4·19민주이념을 계승하고, 조국의 민주개혁과 평화적 통일의 사명에 입각하여 정의·인도와 동포애로써 민족의 단결을 공고히 하고, 모든 사회적 폐습과 불의를 타파하며, 자율과 조화를 바탕으로 자유민주적 기본질서를 더욱 확고히 하여 정치·경제·사회·문화의 모든 영역에 있어서 각인의 기회를 균등히 하고, 능력을 최고도로 발휘하게 하며, 자유와 권리에 따르는 책임과 의무를 완수하게 하여, 안으로는 국민생활의 균등한 향상을 기하고 밖으로는 항구적인 세계평화와 인류공영에 이바지함으로써 우리들과 우리들의 자손의 안전과 자유와 행복을 영원히 확보할 것을 다짐하면서 1948년 7월 12일에 제정되고 8차에 걸쳐 개정된 헌법을 이제 국회의 의결을 거쳐 국민투표에 의하여 개정한다. (1987년 10월 29일)

우리가 헌법을 제정한 이유

헌법은 '전문前文'으로 시작합니다. 전문이란 본문 앞에 위치한 문장으로 책으로 따지면 서문에 해당합니다. 헌법의 전문은 매우 길지만 살펴보면 하나의 문장입니다. 주어는 첫 구절의 '대한국민은', 목적어는 마지막 구절의 '헌법을', 술어는 '개정한다'입니다. 즉, 국민이 헌법을 만들었다는 것이 핵심입니다. 그러나 '하고', '하며', '함으로써', '하면서'가 반복되어 읽기에도 숨가쁘지요. 중문과 복문까지 섞여 있어 문법적으로도 정연하지 못한 느낌입니다.

헌법은 국가를 조직하는 최고법입니다. 헌법이 국가기관을 구성하고 권한을 부여하므로 모든 국가권력의 정당성은 헌법에 기반합니다. 1948년 제헌국회는 헌법을 만들기 위해 구성된 임시기관이었으므로 헌법을 제정한 뒤 해산하는 것이 옳았지만, 이후에도 대한민국 국회로 활동했습니다. 헌법 말미의 '부칙'에 헌법에 의한 국회로서 권한을 행사한다고 규정하며 스스로 정당성을 부여했지요. 다만, 임기는 정식 국회 임기의 절반인 2년으로 했습니다.

전문은 헌법의 일부로서 대한민국의 뿌리와 미래상을 보여줍니다. 3·1운동으로 건립된 임시정부의 법통과 불의에 항거한 4·19민주이념을 계승하며, 안으로는 국민생활의 균등한 향상을 기하고 밖으로는 항구적인 세계평화와 인류공영에 이바지할 것을 비전으로 제시합니다. 헌법은 1987년 국회의 의결과 국민투표를 거쳐 9번째로 개정되어 10월 29일 공포되었으며, 1988년 2월 25일부터 시행되어 지금까지 유지되고 있습니다.

전문에서 명시한 것과 같이 우리는 과연 유구한 역사와 전통에 빛나고 있을까요? 이는 객관적 사실일까요, 아니면 그저 자기기만일까요? 우리 한국인은 대한민국을 비교적 훌륭한 국가로 만들어왔습니다. 유적 존재類的 存在로서 한국인은 역사적 현실에서 충분히 빛나니 자랑스러워할 만하다고 믿습니다. 대한국민은 자신과 자손들의 안전과 자유와 행복을 영원히 확보하고자 헌법을 만들었습니다. 인간세계에서 안전·자유·행복을 '영원히' 확보할 수는 없지만 다짐할 수는 있다고 생각합니다.

"우리 대한국민은
안전과 자유와 행복을 영원히 확보할 것을 다짐하면서
헌법을 국민투표에 의하여 개정한다."

대한민국 헌법

大韓民國憲法

　　前　文

　悠久한 歷史와 傳統에 빛나는　우리들 大
韓國民은　己未三一運動으로 大韓民國을
建立하여　世界에 宣布한 偉大한 獨立精神
을 繼承하여　이제 民主獨立國家를 再建함
에 있어서　正義人道와 同胞愛로써 民族의
團結을 鞏固히하며　모든 社會的 弊習을 打
破하고　民主主義諸制度를 樹立하여 政治
、經濟、社會、文化의 모든 領域에 있어서
各人의 機會를 均等히 하고　能力을 最高度
로 發揮케하며　各人의 責任과 義務를 完遂

제헌 헌법서
制憲 憲法書
of the Republic of

제1장
총강

헌법이 그리는
대한민국의 내일

헌법 본문은 10장, 총 130개조로 이루어져 있습니다.

제1장 총강總綱은 말 그대로 모든 헌법 조문을 벼리는, 가장 중심이 되는 부분입니다. 총강은 제1조부터 제9조까지이며 헌법을 관통하는 핵심 가치를 규정합니다. 즉, 총강은 헌법 전체를 지배하는 기본 원리입니다. 총강을 읽어보면 대한민국이 어떤 국가이며 어떤 미래를 추구하는지 알 수 있습니다.

제1조

1. 대한민국은 민주공화국이다.

2. 대한민국의 주권은 국민에게 있고,
모든 권력은 국민으로부터 나온다.

대한민국의 의미와 존재 이유

대한민국이란 무슨 의미일까요? 대한민국은 한자로는 '大韓民國', 영어로는 'Republic of Korea'라고 씁니다. '위대한 한국大韓, Korea은 공화국Republic'이라는 것이 핵심입니다. '민주民主'란 국민이 주인이라는 뜻이고, '공화국共和國'이란 특정한 개인이나 집단의 이익이 아닌 구성원 전체의 공공선을 추구하는 나라를 말하지요. 왕이나 황제가 다스리는 왕국이나 제국이 아니라는 뜻입니다. 여기서 '민국'과 '공화국'은 같은 의미입니다.

주권은 국가의 정치적 의사를 결정하는 권리로 모든 국가권력의 원천입니다. 주권자인 국민이 제정했기 때문에 헌법은 정당화되는 것입니다. 나는 국민이므로 주권자이며, 길에서 만나는 다른 국민 역시 주권자입니다. 이때 국민을 구성하는 개개인이 주권을 쪼개 그 일부만을 가지는 것이 아니라, 전체 국민이 하나의 주권을 공동으로 가집니다. 따라서 주권자인 국민의 뜻이 서로 다를 때 국가의 정치적 의사를 하나로 결정할 수 있는 제도를 잘 마련해야 합니다.

헌법 제1조 2항이 규정하는 '모든 권력'은 국가가 행사하는 일체의 권력이란 뜻으로 주권과 다른 의미입니다. 원래 권력은 타인의 의사에 반해 자신의 의지를 관철시키는 힘이므로 본질적으로 폭력적인 속성을 지닙니다. 국가의 모든 권력은 국민으로부터 나와 입법권, 행정권, 사법권과 같은 형식으로 국가기관에 배분됩니다. 현대사회에서 국가권력은 가장 강력한 힘으로, 국민에게 복종할 것을 요구하지요. 이와 같은 국가권력이 정당화되는 이유는 그 권력이 주인인 국민으로부터 나오기 때문입니다.

국가는 나에게 어떤 의미가 있을까요? 내가 국가를 위해서 존재하는 것이 아니라 국가가 나를 위해서 존재합니다. 나의 삶에 국가가 필요한지는 잘 모르겠습니다. 하지만 사회적 동물인 인간은 태어나면서부터 국가와 불가분의 상관관계에서 살아갑니다. 즉, 우리나라는 나의 거울인 셈입니다. '나는 누구인가'라는 질문이 실존의 시작이듯 '대한민국은 무엇인가'라는 질문은 내가 속한 국가공동체의 정체성에 대한 본질적인 물음이자 나의 실존에 대한 고민입니다.

제2조

1. 대한민국의 국민이 되는 요건은 법률로 정한다.

2. 국가는 법률이 정하는 바에 의하여
재외국민을 보호할 의무를 진다.

통치 대상이 아닌 주권자로서의 국민

국민은 국가의 구성원이자 국가의사를 최종적으로 결정하는 주권의 주체입니다. 하지만 국민은 다양한 개인들로 구성된 추상적인 집단이므로 누가 국민이라고 명확히 규정하기 어렵지요. 국민은 단순히 파편화된 개인의 집합이 아니라 그 자체로 독자적인 법적 존재입니다. 헌법은 국민의 요건을 법률로 정하도록 국회에 위임하지만, 사실 국민은 주권자이자 국가를 구성하는 헌법적 개념이므로 국민의 요건은 헌법에 직접 규정하는 것이 바람직합니다.

민주국가에서 국가의사는 국민의 뜻으로 간주되지만 현실적으로 국민의 뜻을 파악하기는 매우 어렵습니다. 모든 개인의 의사를 확인하기가 사실상 불가능하고, 뜻이 다를 경우 어떤 것을 국가의사로 정할지도 명확하지 않습니다. 때문에 국민의 뜻은 선거를 통해 사후적으로 재구성되고, 다수의 뜻이 국가의사로 수용됩니다. 또한 재외국민도 국민에 포함되므로 국가가 법률이 정하는 바에 따라 보호해야 합니다.

국민이 국가의 노예가 아니라 주인으로 살아가기 위해서는 개개인의 다양한 뜻을 모아 종합적 의사를 도출할 수 있어야 합니다. 국민은 이론적으로 주권의 주체이지만, 현실적으로는 안타깝게도 통치의 객체로 여겨집니다. 그러니 주권자로서 정치권력에 이용당하지 않기 위해서는 늘 깨어 있어야 합니다. 국가 수준은 국민 한 사람 한 사람의 정치적 의식을 뛰어넘지 못합니다. 대한민국을 민주적 법치국가로 만드는 것은 결국, 국민의 몫입니다.

국민은 정치적으로 이용당하는 경우가 흔합니다. 동일한 사안을 놓고서도 한쪽에서는 위대한 국민의 승리라고 하고, 다른 쪽에서는 엄중한 국민의 심판이라고 표현합니다. 정작 국민인 나는 어리둥절하기도 하고 자괴감이 들어 저들이 말하는 국민은 따로 있다는 느낌을 받기도 합니다. "국민은 투표일에만 자유롭고 투표가 끝나면 노예로 돌아간다"는 장 자크 루소의 지적은 오늘날 대한민국에도 적용되는 듯합니다.

제3조

대한민국의 영토는 한반도와
그 부속도서로 한다.

북한도 대한민국 영토에 속하는가

헌법은 대한민국의 영토를 한반도와 그 부속도서로 규정합니다. '영토領土'란 국가의 영역을 의미하며 영토로부터 12해리까지의 '영해領海'와 영해로부터 수직으로 대기권까지의 '영공領空'도 포함합니다. 국가의 영역은 주권과 통치권이 미치는 공간이자 관할권이 미치는 한계 범위입니다. 모든 국가가 헌법에 영토의 범위를 규정하지는 않지만 분쟁의 소지가 있는 경우에는 규정하기도 합니다. 다만 '한반도와 그 부속도서'의 개념이 명확하지 않은 측면이 있습니다.

대한민국 헌법이 규정한 '한반도와 그 부속도서'라는 범위는 명확하지 않습니다. 이 기준에 따르면 북한도 대한민국의 영토에 포함될까요? 제2차 세계대전 이후 한반도는 남북으로 분단되어 사실상 두 개의 국가적 실체가 존재해왔습니다. 헌법에 의하면 대한민국 영토에는 북한도 포함되고 이는 현재까지 바뀐 적이 없습니다. 한편, 북한 헌법은 처음에는 수도를 서울로 규정했다가 1972년에 개정하며 평양으로 수정했습니다.

헌법에 따르면 북한이 대한민국의 영토에 포함되는 것과 마찬가지로 북한 주민도 대한민국 국민으로 인정됩니다. 그러나 현실적으로 대한민국의 주권과 통치권은 북한까지 미치지 못하기에 북한 사람들은 대한민국 국민의 지위를 누리지 못하고 있습니다. 북한 주민은 대한민국 국민이 아니라는 주장도 있지만, 헌법과 현실이 어긋난다고 헌법을 현실에 맞춰 해석해서는 안 됩니다. 이런 경우에는 현실을 바꿔 헌법에 맞추는 것이 바람직합니다. 대한민국과 대한국민에게는 통일을 달성해 헌법의 규범력을 완성할 책무가 있습니다.

세계는 시공간을 좌표 삼아 구성되며 사람의 운명도 태어난 시공간을 매개로 정해집니다. 우리는 태어나는 순간 대한민국 국민이 되었고 의지와 무관하게 주권자이자 통치의 객체가 되었습니다. 나는 모국어가 영어가 아닌 것을 아쉬워한 적은 있어도 대한민국에서 한국인으로 태어난 것을 아쉬워한 적은 한번도 없습니다. 내가 100년 전이 아닌 이 시대에, 훌륭한 헌법을 가진 대한민국에서 살아가는 것은 큰 행운입니다.

제4조

대한민국은 통일을 지향하며,
자유민주적 기본질서에 입각한
평화적 통일정책을 수립하고 이를 추진한다.

헌법에 규정된 중요한 가치, 통일

헌법 제1조부터 제3조는 국가를 구성하는 3요소인 주권, 국민, 영토를 규정합니다. 다음으로 제4조는 통일을 규정합니다. 이는 남북한이 모여 정치적 통일체를 형성하는 것뿐만 아니라 주민들의 사회적·심리적 통합까지 포괄하는 개념입니다. 통일을 해야 하는지와 어떻게 해야 하는지에 대해서 다양한 주장이 있지만, 주권자인 우리는 통일을 지향하기로 약속하고 헌법적 의무로 규정했습니다. 통일은 헌법에 규정된 중요한 과제입니다.

대한민국은 통일을 지향하지만 어떤 형태로든 달성하기만 하면 된다는 의미는 아닙니다. 통일은 '자유민주적 기본질서'에 입각해 반드시 평화적으로 이루어져야 합니다. 자유민주적 기본질서는 자유·평등·정의를 실현하는 것을 요체로 합니다. 통일은 전쟁 같은 폭력적 방법을 배제하고 남북한 주민이 화목하게 어울려 생활할 수 있도록 평화롭게 이루어져야 합니다. 통일국가는 보다 업그레이드된 국가공동체가 되어야 합니다.

우리는 전쟁을 경험했고 70년이 지난 지금도 분단의 모순으로 결코 평화로울 수 없는 상황입니다. 북한의 핵무기 개발과 미사일 발사는 지극히 평범한 일상이 되었습니다. 우리는 분단국에서 태어났다는 이유만으로 그 모순과 부조리를 온몸으로 겪으며 살아가고 있습니다. 통일을 실현하기 위해서는 통일 후의 구체적이고 바람직한 미래상이 있어야 합니다. 통일된 한반도는 남북한 주민이 인간으로서의 존엄과 가치를 보장받으며 자유롭고 평등하게 행복을 추구할 수 있는 공동체가 되어야 합니다.

나는 검사로 근무하던 시절 북한에 여러 번 다녀왔습니다. 처음 북한 땅을 밟던 순간의 긴장감과 감격도 잠시, 북한은 내게 금세 편안하고 익숙한 느낌으로 와닿았습니다. 북한의 산하山河는 내가 태어난 시골의 모습이었고, 사람들도 편안한 마음으로 대하는 이웃과 같았습니다. 다만 이념과 사상의 차이가 마음을 착잡하게 했습니다. 내가 분단국에서 태어난 것은 우연이지만 분단 상태에서 살아가는 것은 숙명이 아니라고 믿습니다. 나는 부조리한 세상을 살아왔지만 후손들에게는 조리 있는 국가를 물려주길 꿈꿉니다.

제5조

1. 대한민국은 국제평화의 유지에 노력하고
침략적 전쟁을 부인한다.

2. 국군은 국가의 안전보장과 국토방위의
신성한 의무를 수행함을 사명으로 하며,
그 정치적 중립성은 준수된다.

헌법에 국제평화가 명시된 이유

헌법은 국제평화를 지지하고 침략전쟁을 부인합니다. 대한민국이 침략전쟁을 일으킨다면 위헌이지만, 국가의 존립과 안전을 수호하기 위해 타국의 침략에 대응하는 자위전쟁은 합헌입니다. 모든 국가가 침략전쟁을 시작하지 않는다면 자위전쟁도 발생할 여지가 없겠지만 둘을 구별하기는 매우 어렵습니다. 한 국가가 다른 국가를 공격하며 침략전쟁이라고 선포하는 경우는 거의 없고, 다양한 이해관계가 얽힌 국제사회에서 침략전쟁과 자위전쟁을 누가 구분하고 결정할 것인지도 명확하지 않기 때문입니다.

국군은 전쟁을 수행하기 위해 조직된 대한민국 정규군입니다. 국군의 군사력 행사는 국가의 안전보장과 국토방위를 위해서만 정당화됩니다. 즉, 국군은 자위전쟁만 가능하고 침략전쟁에 이용되어서는 안 됩니다. 또한 국군의 '정치적 중립성이 준수된다'는 것은 국가가 국군을 정치에 이용해서는 안 되며 국군이 정치에 개입하는 것도 불가능하다는 의미입니다. 이는 헌정사에서 국군이 정치에 개입해 민주주의를 파괴한 군부독재의 역사적 현실을 헌법에 반영한 것입니다.

인류의 역사는 야만의 역사이고 그 중심에 국가가 있습니다. 현대국가에서 전쟁은 삶을 송두리째 붕괴시킵니다. 국민과 국가는 서로 목적이자 수단이 되는 불가분의 관계이기에 국가 안전을 보장하는 국제평화가 유지되어야 합니다. 평화는 개인적인 차원을 넘어 전 지구적 차원에서 보장되어야 실효성이 있습니다. 국가 내의 평화가 유지되더라도 국제평화가 유지되지 않으면 인간은 언제든 야만의 나락으로 떨어질 수 있기 때문입니다. 국가가 단순히 침략전쟁을 개시하지 않는 것만으로 국제평화 유지 의무를 이행했다고 볼 수는 없는 노릇입니다.

국가는 자신의 존재를 부재로 증명합니다. 사람의 존재도 빈자리가 생길 때 비로소 그 가치를 느낍니다. 국가의 의미는 사유를 통해 추상적으로 그려볼 수 있을 뿐, 국가가 나에게 어떤 존재인지 구체적으로 알기는 어렵습니다. 그렇다고 그 가치를 알기 위해 국가를 해체해볼 수도 없는 노릇입니다. 죽기 전까지 죽음을 알 수 없고 살아보기 전까지 인생을 알 수 없는 이치와 같습니다.

제6조

1. 헌법에 의하여 체결·공포된 조약과
일반적으로 승인된 국제법규는
국내법과 같은 효력을 가진다.

2. 외국인은 국제법과 조약이 정하는 바에 의하여
그 지위가 보장된다.

진정한 평화의 의미

대한민국의 법은 국내법과 국제법으로 나뉩니다. 법은 일반적으로 국가 내부 질서를 유지하기 위한 것이지만 세계 평화를 위한 규범은 국제법으로 인정합니다. 국내법은 헌법, 법률, 명령, 조례, 규칙의 위계로 구성되고, 국제법은 조약과 국제법규로 구성됩니다. 헌법에 의해 체결되고 공포된 조약과 일반적으로 승인된 국제법규는 국내법과 같은 효력이 있습니다. 그러나 현실적으로 국제법을 집행할 수 있는 세계국가가 존재하지 않으므로 그 규범력에 한계가 존재합니다.

최근 대한민국 국민이 해외에 체류하거나 외국인이 대한민국에 체류하는 경우가 급증하고 있습니다. 외국인은 어떤 법적 지위를 가질까요? 지구적 차원에서 외국인은 우리의 이웃입니다. 헌법은 인간의 존엄성을 가장 중요한 가치로 상정하므로, 외국인의 존엄성도 동일하게 보장해야 합니다. 다만 외국인의 지위는 국제법과 조약이 정하는 바에 의해 보장되므로 외교 관계에 따라 외국인의 권리를 제한할 수도 있습니다. 우리나라는 재한외국인처우기본법을 제정해 국내 체류 외국인의 인권을 보호하고 있습니다.

헌법은 국제평화를 위해 국제법에 국내법과 같은 효력을 부여합니다. 평화가 '유지'되기 위해서는 우선 '존재'해야 합니다. 국제평화는 국가의 평화를 전제로 합니다. 국가의 평화는 국민의 평화가 있을 때 가능합니다. 그렇다면 국민은 어떻게 평화롭게 살 수 있을까요? 모든 사람이 타자를 폭력적으로 지배하지 않으면 평화는 저절로 옵니다. 하지만 인간은 본능적으로 세력을 확장하려는 욕망을 지니므로 폭력적일 수밖에 없습니다. 어쩌면 인간이란 결코 타자와 평온하고 화목하게 지낼 수 없는 존재인지도 모르겠습니다.

누구나 평화로운 삶을 원하지만 평화를 정확히 정의하기는 어렵습니다. 평화의 소극적 정의는 '폭력이 없는 상태'이지만 폭력의 정의가 다양한 만큼 평화의 정의도 천차만별입니다. 평화와 폭력은 주관적이고 상대적인 개념이라 사람마다 다르게 느끼기 때문입니다. 오늘날에는 물리적 폭력보다 심리적 폭력이 음험하고, 현실적 폭력보다 잠재적 폭력이 간교하니 주의해야 합니다. 국가도 인간이 법적으로만 사람 취급하는 '법인法人'일 뿐임을 명심하세요.

제7조

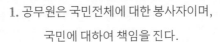

1. 공무원은 국민전체에 대한 봉사자이며,
국민에 대하여 책임을 진다.

2. 공무원의 신분과 정치적 중립성은
법률이 정하는 바에 의하여 보장된다.

국민이자 국민의 봉사자, 공무원

공무원은 공적 업무를 수행하는 국가기관의 구성원입니다. 헌법은 공무원과 국민의 관계를 구체적으로 규정합니다. 공무원은 국민 전체에 대한 봉사자이므로 공적 과제를 수행하며, 이때 국민 전체의 이익이 늘 국가나 정부의 이익과 일치하지는 않는다는 사실에 유의해야 합니다. 또한 자신이나 특정 정파의 이익을 위해 일해서는 안 되며 주권자인 국민으로부터 권한을 위임받아 공무를 수행하므로 그에 대한 책임도 져야 합니다.

헌법은 공무원과 국가의 관계에 대해서도 특별히 설명합니다. 권력을 장악한 집단은 공직을 논공행상論功行賞*으로 배분할 유혹을 받습니다. 게다가 엽관제獵官制**가 작동하면 공적 과제를 정상적으로 수행할 수 없습니다. 공무원의 신분을 보장하는 것도 정치적 중립성을 보장하기 위한 것입니다. 공무원이 정치에 관여하지 말아야 하지만, 국가가 공무원을 정치적으로 이용하지 말아야 한다는 것이 우선입니다.

그렇다면 공무원이 '국민전체에 대한 봉사자'로서 해야 할 첫 번째 임무는 무엇일까요? 공무원은 취임할 때 헌법을 준수할 것을 선서합니다. 공무원헌장은 '헌법이 지향하는 가치를 실현할 것'으로 시작합니다. 그러기 위해서는 먼저 헌법을 잘 이해하고 있어야 합니다. 공무원 직무수행의 법적 효과는 국가에 귀속되므로 국가는 공무원의 신분을 보장하는 대신 특별한 책임과 의무를 부과하는 것이지요. '사람'이 아니라 '공무'에 대해서만 특별 취급하는 것입니다.

공무원은 공무를 수행할 때를 제외하면 헌법이 보장하는 기본권의 주체이며 한 사람의 국민입니다. 공무수행의 범위 내에서만 그 권리가 제한되는 것이지요. 때문에 국가는 공적 과제를 이유로 공무원에게 사적 이익을 과도하게 희생할 것을 강요할 수 없습니다. 선공후사先公後私를 기대할 수는 있지만 멸사봉공滅私奉公을 요구할 수는 없는 것입니다. 국가가 국민에게 불가능한 일을 요구하는 것은 불가능해야 합니다.

---

*   공적에 따라 상을 주는 일

**   정권을 잡은 세력이 보답 차원에서 자신의 지지자를 공직에 임용하는 관행

제8조

1. 정당의 설립은 자유이며, 복수정당제는 보장된다.

2. 정당은 그 목적·조직과 활동이 민주적이어야 하며,
국민의 정치적 의사형성에 참여하는데
필요한 조직을 가져야 한다.

3. 정당은 법률이 정하는 바에 의하여 국가의 보호를 받으며,
국가는 법률이 정하는 바에 의하여
정당운영에 필요한 자금을 보조할 수 있다.

4. 정당의 목적이나 활동이 민주적 기본질서에 위배될 때에는
정부는 헌법재판소에 그 해산을 제소할 수 있고,
정당은 헌법재판소의 심판에 의하여 해산된다.

정당은 공적 기능을 수행해야 한다

정당이란 정치적 뜻을 같이하는 사람들의 결사체로, 정치권력 획득을 목적으로 하는 집단입니다. 정당은 사회의 다양한 이해관계를 정치적 의사로 도출해내고, 선거를 통해 국가 작용으로 이끄는 매개체가 됩니다. 때때로 정당은 국민의 뜻을 수렴하는 것을 넘어 정책적 제언提言을 통해 정치적 의사를 형성하기도 합니다. 헌법은 국민이 자유롭게 정당을 설립할 수 있도록 복수정당제를 보장하며, 국가는 법률이 정하는 바에 의해 정당을 보호하고 운영 자금을 보조할 수 있습니다.

헌법은 정당을 보호하는 것에 대응해 정당의 목적과 활동이 민주적일 것, 국민의 정치적 의사를 형성하기 위해 필요한 조직을 갖출 것을 요구합니다. 만약 정당의 목적이나 활동이 민주주의의 기본질서에 위배된다면 정부의 제소와 헌법재판소의 결정으로 해산시킬 수 있습니다. 다만 여기서는 국가가 정당을 함부로 해산할 수 없도록 한계를 명확히 정해두었다는 점이 훨씬 중요합니다. 즉, 정당은 헌법이 정한 요건과 절차에 따라서만 해산될 수 있습니다.

역사적으로 정당은 권력을 좇는 패거리나 국가 통합을 저해하는 단체로 인식되기도 했지만 현대국가에서는 민주주의를 실천하기 위해 필요한 수단으로 기능합니다. 민주국가에서 정당은 국민의 추상적인 의사를 정책으로 구체화하며 국민의 선택을 두고 서로 경쟁하는 과정에서 사회 통합의 선순환을 달성해야 합니다. 정당이 상대방에 대한 증오를 유발하고 이를 기반으로 연명한다면 정치에 대한 혐오와 조롱을 초래해 민주주의를 저해하는 독이 될 뿐입니다.

1948년 제정된 건국헌법에는 정당에 대한 규정이 없었지만 1962년 개헌 때 처음으로 정당에 대한 조항이 생겼고, 1980년에는 운영에 필요한 자금 보조 관련 조항이 추가되었습니다. 다만 정당은 본질적으로 국가기관이 아니라 사적 결사체에 불과한데 국민의 세금으로 정당의 운영 경비뿐만 아니라 선거 보조금까지 지급하는 것은 아무래도 이상합니다. 정당은 당비나 후원금과 같이 자체적으로 마련한 재원을 바탕으로 운영되어야 하고, 국가는 그야말로 '보조'하는 데 그쳐야 합니다. 국민의 세금이 눈먼 돈이 되어서는 안 됩니다.

제9조

국가는 전통문화의 계승·발전과
민족문화의 창달에 노력하여야 한다.

'우리 민족'의 폐쇄성에 주의하라

문화란 한 사회의 구성원이 공유하는 물질적이고 정신적인 행동 양식의 총체를 말합니다. 문화국가는 문화를 창조하고 발전시키며 개인에게 최소한의 물질적이고 정신적인 문화적 생활 조건을 보장하는 국가이지요. 문화는 모두가 누리는 공공재의 성격이 강하며, 문화재는 국가적 차원을 넘어 인류 공동의 자산입니다. 다만 국가는 개인에게 특정 문화를 강요해서는 안 되고, 자율적으로 문화 활동을 할 수 있도록 보장해야 합니다.

문화라는 용어는 맥락에 따라 문명과 혼용되기도 합니다. 혹자는 문화를 정신 작용의 산물로, 문명을 물질 작용의 산물로 구분합니다. 문화는 자연 상태에서 벗어나 물질적 또는 정신적으로 진보한 상태를 강조하는데, 이런 시각은 자칫 잘못하면 자연 상태를 미개하거나 야만적으로 보게 합니다. 프로메테우스가 인간을 위해 불과 지식을 가져다주었지만 그것이 인간에게 불행의 씨앗이 된 것은 아닌지 모르겠습니다. 선한 의도가 악의 결과로 나타난 사례는 많고, 때로는 선한 개인이 악한 집단을 만들기도 하니까요.

그렇다면 전통문화와 민족문화는 다를까요? 전통문화란 오랜 세월에 걸쳐 전해 내려오는 고유한 가치로 인정받은 문화를 말합니다. 반면 민족문화는 하나의 민족이 함께 생활하며 보편적으로 공유하고 축적한 문화입니다. 둘 다 오랜 시간을 거친다는 공통점이 있어 일부 겹칠 수는 있지만 반드시 동일하지는 않습니다. 민족문화는 자기 민족의 주체성과 우월성을 강조하며 다른 민족과 구별하므로 배타적이고 폭력적인 이데올로기로 작용할 위험이 있습니다.

민족문화는 '우리'라는 구분에서 시작합니다. 인간은 '우리'라는 우리Cage에 갇힐 때 안도감을 느끼지요. 소외되지 않을까 하는 불안감에 더욱 '우리'에 집착합니다. 우리라는 틀은 보호막이지만 동시에 성장을 막는 장애물입니다. 배타적이고 폐쇄적인 '우리'에서 벗어나 포용적이고 개방적인 '우리'가 되어야 합니다. 대한민국은 세계의 질서를 자연스럽게 따르고 회복하고 인간의 존엄과 가치를 실현함으로써 보편성과 특수성을 변증해야 합니다.

"영토를 잃은 민족은 재생할 수 있지만,
역사를 잃은 민족은 재생할 수 없다."

단재 신채호

제2장
국민의 권리와 의무

자유, 평등, 정의

헌법 제2장부터 제10장은 국가의 헌법적 가치를 고유한 규범적 기준에 따라 범주로 나누어 규정합니다.

제2장은 국민의 기본적인 권리와 의무를 다룹니다. 국민과 국가의 관계를 직접 규정함으로써 헌법적 권리와 의무를 발생시키는 것이지요. 이후에 나올 제3장부터 제10장까지는 제2장의 내용을 실현하기 위한 수단으로 볼 수 있습니다.

제2장은 제10조부터 제39조까지 30개조로 이루어져 있으며, 제36조까지는 인간의 존엄성과 가치를 보장하는 기본 권리를 행복추구권, 평등권, 자유권, 참정권, 청구권, 사회권 순으로 나열합니다. 제37조는 기본권에 적용되는 제한의 기준을, 제38조와 제39조는 국민의 기본 의무를 규정합니다.

제10조

모든 국민은 인간으로서의 존엄과 가치를 가지며,
행복을 추구할 권리를 가진다.
국가는 개인이 가지는 불가침의 기본적 인권을 확인하고
이를 보장할 의무를 진다.

행복권이 아니라 행복추구권인 이유

인간은 과연 존엄하고 가치 있는 존재일까요? 인간의 존엄성은 인간은 누구나 자유의지를 가진 목적적 존재이며, 개성과 자율성을 지니고 살아가는 인격체라는 사실에 기초합니다. 모든 국민의 인간적 존엄과 가치를 인정하는 것은 가장 중요한 헌법적 이념이지요. 다만 우리는 스스로 존엄하고 가치 있다고 주장하지만, 사실 인간의 본성에는 악마성과 부조리가 섞여 있습니다. 때문에 헌법은 주권자가 스스로 존엄하고 가치 있게 살며 타인을 인격체로 존중하겠다는 선언입니다.

아리스토텔레스는 삶의 목적이 행복이라고 했습니다. 행복은 고통의 부재에서 느끼는 감정이며 현대사회에서 개인은 누구나 자신이 행복하다고 생각하는 삶의 방식을 택하고 추구할 수 있습니다. 그런데 행복의 개념은 고통의 개념만큼이나 다의적이고 주관적이며 상대적입니다. 인간이 과연 행복할 수 있을까요? 헌법에 '행복할 권리'가 아니라 '행복을 추구할 권리'라고 표현한 것은 행복이 불가능함을 전제하는 것처럼 보이기도 합니다.

한편 헌법은 국가에 개인의 기본적 인권을 확인하고 보장할 의무를 부과합니다. 국가는 우선 불가침의 기본적 인권이 무엇인지 확인해야 하고, 최종적으로 모든 국민이 인간의 존엄과 가치를 존중받으며 자신만의 행복을 추구하도록 해야 합니다. 이때 국가가 행복의 내용을 판단하고 일방적으로 보장해서는 안 됩니다. 행복은 각자 자신의 몫으로 추구하는 것이기에 이것이 오히려 개인을 불행하게 만들 수도 있기 때문이지요.

인간이 자율적 인격체라는 것은 주인으로서 고유한 삶을 살아간다는 의미입니다. 하지만 내 안에 내가 너무도 많아 내 삶의 주인이 누구인지 명확하지 않습니다. 사람에 따라 신, 관습, 부모, 자식, 돈, 유전자, 타인이 삶을 결정하기도 합니다. 나는 궁금합니다. 삶의 주인이 꼭 있어야 할까요? 타인의 노예로 살지 않는 동시에 나도 타인의 주인이 아니면 진정한 자유인이라 할 수 있습니다. 내가 내 삶의 주인이라면 내 삶은 또 다른 '나'의 지배를 받아 자유롭지 못할지도 모르기 때문입니다.

제11조

1. 모든 국민은 법 앞에 평등하다.
누구든지 성별·종교 또는 사회적 신분에 의하여
정치적·경제적·사회적·문화적 생활의
모든 영역에 있어서 차별을 받지 아니한다.

2. 사회적 특수계급의 제도는 인정되지 아니하며,
어떠한 형태로도 이를 창설할 수 없다.

3. 훈장등의 영전은 이를 받은 자에게만 효력이 있고,
어떠한 특권도 이에 따르지 아니한다.

평등, 서로 다른 사람을 동등하게 대우하는 것

인간은 과연 평등할까요? 현실세계에서 모든 사람은 서로 다르며 같을 수 없지만, 평등은 특정 관점에서 모두를 동등하게 대우해야 한다는 당위명제입니다. 이는 모든 인간이 동일하게 존엄과 가치를 지닌 자유로운 존재라는 점에 기초합니다. 내가 존엄하고 가치 있는 인간으로 대우받고 싶다면 타인을 자율적 인격체로 대우해야 합니다. 대한민국은 신분제나 이에 따른 어떤 특권도 허용하지 않으며 설령 국회에서 법률로 이를 허용하더라도 인정되지 않습니다.

헌법은 모든 국민이 법 앞에 평등하다고 규정합니다. 법이란 서로 다른 생각과 생활방식이 공존하기 위한 기술이므로 법에 있어서 누구도 예외가 될 수는 없습니다. 법은 국가권력을 효율적으로 행사하는 수단인 동시에 개인의 자유를 보호합니다. 법치法治는 단순히 법을 동일하게 적용하는 것이 아니라 평등하게 다스리는 것을 뜻합니다. 국가가 불평등한 법을 만들어 모두에게 동일하게 적용하면 오히려 불평등을 정당화할 뿐이며 올바른 법치로 볼 수 없습니다.

헌법은 국민들이 모든 영역에서 평등하다고 규정하지만, 현실에서는 유형에 따라 서로 다르게 적용됩니다. 선거에서는 1인 1표라는 형식적 평등이 엄격하게 지켜지고, 납세에서는 누진세를 통해 실질적 평등이 지켜집니다. 동등한 기회나 조건하에서도 선천적 능력에 따라 불평등이 발생할 수 있고, 보조나 지원 등 적극적인 조치가 있어야 비로소 평등해지기도 합니다. 이때 단순히 차별 대우 금지에 집착하면 특정 가치에 따라 하향평준화를 초래하거나 오히려 불법을 강화할 수도 있습니다.

평등은 맥락에 따라 정의나 공정과 혼용됩니다. 정의正義는 모든 사물을 올바른 자리에 배정하는 힘이며, 그 핵심은 각자의 몫을 정당하게 배분하는 것입니다. 사적 영역에서는 '자유'로, 공적 영역에서는 '평등'으로 나타나지요. 다만 각자의 몫에는 재화와 용역 같은 이익뿐만 아니라 비용이나 책임 등 불이익도 포함된다는 점에 유의해야 합니다. 공정公正은 절차적 평등을 통해 구현됩니다. 다만 과정이 투명하고 공평하다고 기회의 평등까지 이루어지는지는 생각해볼 문제입니다.

제12조

1. 모든 국민은 신체의 자유를 가진다.

2. 모든 국민은 고문을 받지 아니하며,
형사상 자기에게 불리한 진술을 강요당하지 아니한다.

3. 체포·구속·압수 또는 수색을 할 때에는
적법한 절차에 따라 검사의 신청에 의하여
법관이 발부한 영장을 제시하여야 한다.

4. 누구든지 체포 또는 구속을 당한 때에는
즉시 변호인의 조력을 받을 권리를 가진다.

5. 누구든지 체포 또는 구속의 이유와
변호인의 조력을 받을 권리가 있음을
고지받지 아니하고는 체포 또는 구속을 당하지 아니한다.

6. 누구든지 체포 또는 구속을 당한 때에는
적부의 심사를 법원에 청구할 권리를 가진다.

7. 피고인의 자백이 고문·폭행·협박·구속의 부당한 장기화
또는 기망 기타의 방법에 의하여 자의로 진술된 것이 아니라고
인정될 때 또는 정식재판에 있어서 피고인의 자백이
그에게 불리한 유일한 증거일 때에는
이를 유죄의 증거로 삼거나 이를 이유로 처벌할 수 없다.

(*일부 조항 후략)

진정한 자유부터 안락사까지

헌법은 자유권 중 '신체의 자유'를 가장 먼저 규정합니다. 인간의 신체는 정신을 담는 실존적 형태이자 인격적 가치로 존중해야 합니다. 헌법 제12조는 가장 긴 조문으로 신체의 자유와 형사절차를 구체적으로 규정합니다. 과거 국가가 개인의 신체적 자유를 침해했던 역사적 경험을 반면교사로 삼기 위해 헌법에 형사절차를 규정해둔 것입니다. 개인은 신체를 자유롭게 움직이고 활동할 수 있으며 타인으로부터 신체의 안전을 훼손당하지 않을 권리가 있습니다.

국가는 형사절차에서 어떤 원칙을 지켜야 할까요? 국가가 개인에게 강제처분이나 처벌을 할 때는 반드시 법률에 의거해야 합니다. 특히 체포·구속·압수·수색과 같은 강제처분을 할 경우 검사의 신청에 의해 법관이 발부한 영장을 제시해야 합니다. 누구든 체포나 구속을 당한다면 법원에 적부適否의 심사를 청구할 수 있고, 변호인의 도움을 받을 수 있습니다. 피고인이 범행을 자백하더라도 고문과 협박 등 자의로 진술한 것이 아니라면 유죄의 증거로 삼을 수 없습니다.

자유自由란 스스로 말미암아 변화시키는 힘을 말합니다. 이는 단순히 외부의 간섭을 배제한 상태Freedom뿐만 아니라 원하는 바를 적극적으로 실현할 수 있는 능력Liberty을 포함합니다. 자유는 타인은 물론이고 자기 자신을 지배하지 않을 때 비로소 실현됩니다. 타인으로부터 허용된 자유는 진정한 자유가 아닙니다. 자유는 내가 선택할 수 있는 범위에서만 작동하며, 어쩔 수 없이 숙명으로 받아들여야 하는 경우에는 자유의 여지가 없습니다. 이는 자유가 없는 '부자유'가 아니라 자유의 영역이 아닌 '비자유'로 볼 수 있겠지요.

신체의 자유는 인간의 생명을 전제로 하고, 생명은 헌법적 가치로 존중됩니다. 인간에게는 스스로 죽음을 택할 권리가 있을까요? 우리나라 법률은 사망 단계에 이른 환자의 연명의료를 중단하는 '소극적 안락사'만 예외적으로 허용합니다. 생명을 존중하기 위해 개인의 죽을 권리를 제한하는 것이지요. 태어나는 상황은 선택할 수 없지만 언제 어떻게 죽을지는 직접 결정할 수 있어야 합니다. 엄격한 조건에서 '적극적 안락사'를 수용하는 일은 헌법을 위반하는 일이 아닐 것입니다.

제13조

1. 모든 국민은 행위시의 법률에 의하여
범죄를 구성하지 아니하는 행위로 소추되지 아니하며,
동일한 범죄에 대하여 거듭 처벌받지 아니한다.

2. 모든 국민은 소급입법에 의하여 참정권의 제한을 받거나
재산권을 박탈당하지 아니한다.

3. 모든 국민은 자기의 행위가 아닌 친족의 행위로 인하여
불이익한 처우를 받지 아니한다.

크로노스와 카이로스의 시간

개인은 자신의 행위와, 자신에게 귀속시킬 수 있는 범위에 대해서만 법적 책임을 집니다. 이를 '자기책임의 원칙'이라고 합니다. 헌법은 국민이 행위 당시의 법률에 의해 범죄가 성립하지 않는 행위로는 소추되지 않도록 '죄형법정주의'를 규정하며 한번 처벌받은 이상 같은 범죄로 다시 처벌받지 않도록 이중처벌을 금합니다. 또한 자기가 아닌 친족의 행위로 불이익한 처우를 받지 않도록 연좌제를 금지합니다.

소급입법이란 이미 완성된 사실이나 법률관계에 적용되는 법을 새롭게 제정하는 것입니다. 소급입법을 허용하면 현재의 법이 미래에는 구속력이 없는 것으로 평가될 수 있어 법의 신뢰도나 안정성이 떨어집니다. 헌법은 모든 국민이 소급입법에 의해 참정권의 제한을 받거나 재산권을 박탈당하지 않는다고 규정합니다. 다만 미래를 위해 과거의 행위를 현재 관점에서 재평가해야 할 때도 있습니다. 이렇게 불이익보다 이익이 큰 경우 예외적으로 소급입법을 허용합니다.

국가는 형사절차에서 소추권을 독점해 사적 자력구제를 금합니다. 인간은 피해를 입으면 그 이상으로 보복해야 정당하다고 느끼기에 자력구제를 허용한다면 복수가 반복되어 결국 공멸하게 될 것입니다. 즉, "눈에는 눈, 이에는 이"라는 탈리오Talio 법칙은 어찌 보면 복수의 끝없는 악순환을 막기 위해 등장한 문명적인(?) 처방입니다. 개인의 자력구제를 금하고, 대신 국가가 처벌권을 독점하는 사법 시스템을 만든 것이지요.

세상은 시간의 흐름에 따라 변합니다. 고대 그리스 철학자 헤라클레이토스가 "모든 것은 흐른다Panta rhei"라고 말한 것처럼 변하지 않는 것은 없다는 사실만이 변하지 않을 뿐이지요. 소급입법을 금지하는 것이나 공소시효, 소멸시효를 두는 것도 시간의 힘을 인정한 것이지요. 시간은 물리적 시간인 크로노스Chronos와 심리적 시간인 카이로스Kairos로 구분되기도 합니다. 크로노스는 과거, 현재, 미래를 분절시켜 불가역적 연속성을 만들기에 우리는 시간의 노예가 될 수밖에 없습니다. 반면 카이로스는 과거와 미래를 현재로 통합하므로 시간의 한계를 극복할 기회를 줍니다. 당신은 어떤 시간을 살고 있습니까?

제14조

모든 국민은 거주·이전의 자유를 가진다.

인간은 태어난 곳에 종속되지 않는다

거주·이전의 자유란 원하는 장소를 주거지로 택해 생활하고 때에 따라 변경할 자유를 말합니다. 이는 역사적으로 자본주의와 밀접하게 연관되어 발전했습니다. 중세 신분제 사회에서 농노들은 토지에 종속되어 삶의 터전을 옮길 수 없었으며, 거주지 이전은 사회 불안을 유발하는 행위로 여겨졌습니다. 이후 근대 산업화시대에 접어들어 자본주의 체제의 기반이 되는 경제활동의 자유를 보장하기 위해 거주·이전의 자유를 인정하기 시작했습니다.

국외로 이주했다가 돌아오거나 해외여행을 떠나는 것도 거주·이전의 자유에 속합니다. 다만 국회는 법률을 통해 수형자의 구금, 군인의 입영생활, 전염병 환자의 격리 등과 같은 경우 직접적으로 거주·이전의 자유를 제한하기도 합니다. 또한 대도시의 인구집중을 억제하기 위한 중과세重課稅 부과, 범죄자나 고액 탈세자의 출국 금지 명령, 해외위난지역에서의 여권 사용 제한 등과 같은 경우처럼 간접적으로 거주·이전의 자유를 제한하기도 합니다.

그렇다면 헌법은 망명도 정당한 권리로 인정할까요? 정치활동 등으로 한 나라에서 박해받는 사람이 다른 나라에서 보호받을 권리인 망명권을 헌법은 인정하지 않습니다. 국민이 정치적으로 박해받는 상황을 허용하지 않기 때문이며 이는 외국인의 국내 망명에도 적용됩니다. 다만 난민법을 통해 충분한 사유가 있는 외국인에게는 난민의 지위를 부여하고 자국으로 강제송환되지 않도록 규정합니다. 물론 이는 법률 차원에서 인정되는 권리일 뿐입니다.

개개인이 거주·이전의 자유를 가진다는 것은 신체의 자유를 외연으로 확장한 것이자 태어난 곳에 종속되기를 거부하는 것입니다. 인간은 오랫동안 태어난 장소를 어쩔 수 없는 '숙명'처럼 여겼지만 점차 개인의 자유의지로 극복할 수 있는 '운명'으로 인식하게 되었습니다. 비록 시간은 쉬지 않고 흐르는 것으로 인식되더라도 공간은 스스로 선택할 수 있는 것이지요. 그렇지만 노예가 주인을 선택할 수 있다고 해방된 것은 아니듯 자유는 시공간을 선택할 수 있다고 해도 그에 종속되지 않는 것은 아닙니다.

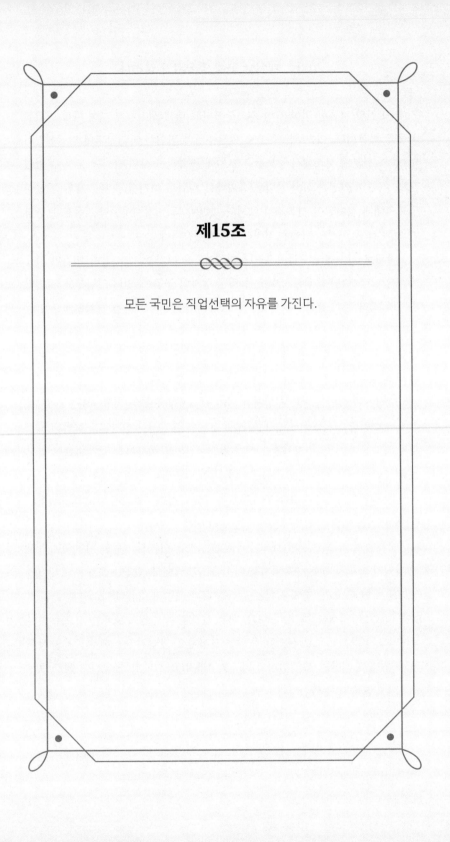

제15조

모든 국민은 직업선택의 자유를 가진다.

직업의 본질, 인격수양

직업은 개인이 생활을 영위하는 데 필요한 물질적 수단을 얻기 위해 지속적으로 행하는 소득활동을 말합니다. 모든 국민은 직업이나 직종을 자유롭게 선택하고 변경할 수 있으며, 자유로운 방식으로 직업활동을 수행할 수 있습니다. 헌법은 직업'선택'의 자유라고 표현하지만 선택하는 것뿐만 아니라 수행하고 변경할 자유까지 폭넓게 보장합니다. 뿐만 아니라 시장경제에서 기업의 활동으로 이루어지는 영업의 자유와 경쟁의 자유도 직업활동의 자유에 포함되지요.

근대 이전의 개인은 토지에 종속되어 자유롭게 이동할 수 없었으며, 가업을 세습하거나 주어진 일에 예속되었습니다. 이후 자본주의가 등장하자 직업의 자유가 인정되면서 시장경제의 질서가 확립되었지요. 이때까지 직업은 기본적인 생활을 영위하기 위한 수단이자 공공생활에 무해한 소득활동이었습니다. 그러나 이제 과학기술이 크게 발전해 직업의 개념이 급격하게 변화하고 있습니다.

최근 인공지능의 등장으로 많은 직업들이 소멸하고 반대로 다양한 분야에서 새로운 직업이 탄생하기도 합니다. 한 개인이 동시에 다수의 직업을 갖기도 하며, 재택근무 등 업무의 형태도 다양해졌습니다. 국가는 직업의 유형에 따라 업무 시간·장소·방법을 제한할 수 있고, 변호사와 의사 등 일정 직업에는 특별한 자격을 요구하며, 도박장 개설과 성매매를 금지하는 것과 같이 직업 자체를 제한하기도 합니다.

직업의 자유는 자본주의와 시장경제를 유지하는 기초일 뿐만 아니라 개인적 차원에서도 중요한 의미가 있습니다. 인간은 직업을 통해 생계를 유지하고, 직업활동을 수행하며 고유한 삶의 가치를 실현하기 때문입니다. 세키몬신가쿠石門心學를 창설한 일본 에도시대의 사상가 이시다 바이간石田梅岩은 "제업즉수행諸業卽修行", 즉 일의 본질은 이윤추구가 아니라 인격수양이자 자기완성에 이르는 길이라고 정의하며 직업을 도덕철학으로 승화했습니다. 이는 오늘날에도 어느 정도 유효한 것처럼 보입니다.

제16조

모든 국민은 주거의 자유를 침해받지 아니한다.
주거에 대한 압수나 수색을 할 때에는
검사의 신청에 의하여 법관이 발부한 영장을 제시하여야 한다.

진실한 나 자신을 마주할 수 있는 곳

주거란 어떤 장소에 자리를 잡고 생활하는 것을 말하고 맥락에 따라서는 그 장소 자체를 의미합니다. 개인이 주거를 자유롭게 결정하는 것은 자율적 인격체로서 삶을 영위하기 위한 전제 조건이 됩니다. 주거의 자유와 거주·이전의 자유는 서로 밀접하게 연관이 있지만 헌법상 다른 개념입니다. 주거의 자유는 정적 개념으로 사생활의 안전과 연관되고, 거주·이전의 자유는 동적 개념으로 사회적·경제적 활동과 연관되지요.

주거의 자유에는 영장주의가 적용됩니다. 주거에 대한 압수·수색을 할 때는 반드시 '검사의 신청에 의하여 법관이 발부한 영장'을 제시해야 합니다. 헌법은 신체의 자유와 주거의 자유에 대해서만 영장주의를 적용합니다. 주거의 자유는 신체의 자유가 외연으로 확장된 것이라고 볼 수 있지요. 이는 주거의 자유가 '~의 자유를 가진다'가 아니라 '침해받지 아니한다'라고 서술되어 있는 것을 보면 알 수 있습니다. 뒤에 나올 사생활의 비밀과 자유, 통신의 비밀에서도 동일하게 표현합니다.

개인은 주거를 통해 사생활을 보호하고 외부 위협으로부터 생명과 재산을 보전합니다. 주거는 휴식으로 에너지를 충전하게 하고 혼인과 가정생활을 영위하는 사적인 공간을 만들어줍니다. 개인이 주거를 자유롭게 선택하고 결정하는 것은 자기만의 성城을 세우는 일입니다. 인간은 나만의 공간에서 단독자單獨者로 존재할 때 진실한 자기 자신을 마주할 수 있습니다.

공간은 시간과 더불어 삶의 실존적 조건이 되며 때로는 공간이 시간의 의미를 조건 짓기도 합니다. 사랑하는 사람과 공간을 공유하지 못한 채 시간을 보내는 일이 무의미하게 느껴지는 것처럼 말이지요. 공간도 시간과 마찬가지로 타인과의 관계에서 고유한 의미가 드러나며 그 의미는 스스로 만들어가는 것입니다. 자기만의 시간을 즐기는 것이 오직 자기만의 공간에서만 가능하다고 착각하지만, 고요한 독방이 자기만의 공간이 되지 못할 수도 있고 인파로 가득찬 지하철이 자기만의 공간이 될 수도 있는 것처럼 말입니다.

제17조

모든 국민은 사생활의 비밀과 자유를
침해받지 아니한다.

알 권리와 잊힐 권리 사이의 줄타기

사생활이란 개인의 사사로운 일상생활, 즉 외부와 차단해 비밀로 유지하고자 하는 사적인 영역을 말합니다. 사생활의 비밀과 자유는 개개인이 사적 영역을 공개하지 않으며 삶을 자유롭게 꾸리고 유지하는 것을 방해받지 않을 권리입니다. 흔히 혼용하지만 사생활과 프라이버시Privacy는 엄연히 다릅니다. 미국에서 발전한 '프라이버시권'은 초상권·성명권·명예권과 같은 '인격권'에서 출발한 권리로, 사생활의 비밀과 자유뿐만 아니라 개인의 결정권까지 포괄하는 개념입니다.

정보화사회인 오늘날 '개인정보자기결정권'은 중요한 기본권으로 인정받고 있습니다. 이는 정보의 주체가 자신과 관련된 정보의 수집·이용·관리 등을 결정할 권리를 말합니다. 국가는 물론이고 기업, 심지어 개인이 자동화된 전산시스템을 통해 광범위한 정보를 축적하고 이용할 수 있게 되자 개인정보를 보호할 필요성이 증가했기 때문입니다. 개인정보자기결정권은 헌법에 독자적인 조항으로 규정되어 있지 않지만 기본권으로 인정됩니다.

인간은 사적 영역과 공적 영역을 넘나들며 살아가지만 사실 양자는 엄격히 구분하기 어렵습니다. 다만 우리는 본질적으로 고독한 단독자로 존재하기에 홀로 숨쉴 수 있는 내밀한 최소한의 영역은 보장받아야 합니다. 나는 혼자 있을 때 가장 덜 외롭습니다. 그 순간 온전히 '나만의 나'로 존재하며 타인은 천국도 지옥도 아닙니다. 현대사회는 집 안에도 감시카메라를 설치해 언론·출판의 자유와 알 권리라는 명목으로 개개인의 사생활을 질식시키고 있습니다. 개인에게서 고독할 권리를 박탈하고 군중 속 외로움을 강요하는 것은 옳지 않습니다.

정보화사회는 개인들로 하여금 서로 감시하게 합니다. 뿐만 아니라 국가는 휴대전화와 신용카드 정보를 조합해 국민의 사생활을 면밀히 통제할 수 있습니다. 공공재를 사유화하려는 세력과 개인의 사생활까지 공론화해 사회적으로 멸절시키려는 세력이 서로 숙주 삼아 성장하는 모습입니다. 사생활의 영역을 확대하고 온라인에 유포된 개인정보 삭제를 요구하는 '잊힐 권리'도 기본권으로 보장해야 할 때입니다.

제18조

모든 국민은 통신의 비밀을 침해받지 아니한다.

타인과 어떻게 소통할 것인가

통신이란 우편 등의 수단을 통해 공간적으로 떨어져 있는 상대방에게 의사와 정보를 전달하고 소통하는 것을 말합니다. 통신의 비밀이란 통신을 매개로 한 타인과 소통을 방해받지 않을 권리입니다. 헌법은 통신의 '비밀'이라고 표현하지만 이는 통신의 '자유'를 전제로 한다고 해석됩니다. 통신의 비밀은 통신 내용뿐만 아니라 수단·시간·장소·횟수를 비롯해 가명이나 익명으로 통신했는지 여부까지 모두 포함합니다.

통신의 비밀은 국가가 통신수단을 독점해 사생활을 침해하는 것에 대비해 기본권으로 인정되었습니다. 통신의 비밀과 뒤에 나올 언론·출판의 자유는 타인과의 의사소통과 연관된다는 공통점이 있습니다. 그러나 통신의 비밀은 특정인과의 내밀한 소통을, 언론·출판의 자유는 불특정 다수를 향한 의사전달을, 집회·결사의 자유는 집단적 의사와 표현을 보장한다는 점에서 구분됩니다.

인간은 사회적 동물로서 타인과 관계 맺으며 존재의 고유한 의미를 확인합니다. 타인과의 관계가 단절된 사람에게 인간의 존엄과 가치는 아무런 의미가 없는 것이지요. 우리는 소통하는 인간인 호모 커뮤니쿠스Homo Comunicus에서 휴대전화 사용이 생활화된 호모 모빌리쿠스Homo Mobilicus, 끊임없이 이동하는 인간인 호모 모벤스Homo Movence로 진화하고 있습니다. 타인과의 소통이 자기망각이나 현실도피로 기능하지 않고 엄밀한 자기성찰의 기회로 작용해야 할 때입니다.

통신수단이 다양해지는 만큼 소통공간은 전 세계로 확대되며 정보가 범람하고 있습니다. 때문에 모든 정보를 소화할 수 없을뿐더러 필요한 정보를 선별하기도 어렵고, 정보의 진위를 판단하는 기준조차 불분명해지고 있지요. 인풋되는 정보가 혼란스럽게 많아지면 아웃풋되는 말도 자연스럽게 어지러워집니다. 그래서 나는 나의 말을 정연하게 하기 위해 '나'에게는 모든 말을, 소중한 '너'에게는 정말 하고 싶은 말을, 이외의 모든 사람에게는 '그'가 듣고 싶어 하는 말을 하기로 다짐했습니다.

제19조

모든 국민은 양심의 자유를 가진다.

깨진 거울로 들여다보는 양심

헌법은 정신적 자유로 양심의 자유를 맨 먼저 규정합니다. 양심은 개인의 자율적 기준에 기초해 옳고 그름을 판단하는 도덕적·윤리적 인식 및 이를 실현하는 것을 말합니다. 국가는 개인에게 특정한 양심을 가지거나 표명하도록 강제해서는 안 됩니다. 양심의 근거로 자율적이고 주관적인 도덕Moral과 타율적이고 객관적인 윤리Ethics를 구별하기도 하지만 선악善惡에 대한 가치판단의 기준이 된다는 점에서는 동일하게 양심의 근거입니다.

인간에게는 양심의 자유와 함께 사상의 자유도 있는데, 헌법은 사상의 자유를 별도로 규정하지 않습니다. 사상의 자유는 인간 내면의 사유체계에 속한다는 점에서 양심의 자유와 동일합니다. 하지만 사상은 선악에 대한 판단뿐만 아니라 지적·논리적 판단을 포괄하므로 도덕적이고 윤리적인 가치판단을 대상으로 하는 양심의 자유와는 구별됩니다. 사상의 자유는 양심의 자유가 아니라 헌법 제10조가 규정하는 행복추구권의 내용으로 보호됩니다.

헌법은 인간 내면의 정신활동에 대한 자유를 기본권으로 보장합니다. 인간의 정신세계는 감각적 수용, 논리적 이해, 이성적 사유, 직관적 판단의 순서로 깊이를 더해갑니다. 양심은 외부자극을 느끼는 것에서 출발하지만, 단순히 그에 대한 반응이 아니라 자기성찰을 통해 도출해낸 도덕과 윤리에 기초합니다. 신체와 달리 정신은 감옥에 가둘 수 없다고 하지만, 인간의 정신을 폭력적으로 지배한다면 감옥에 가두지 않고도 노예로 만들 수 있습니다.

17세기 프랑스 철학자 파스칼은 "인간은 생각하는 갈대"라고 했습니다. 인간의 정신은 갈대와 같아 확고하지 않습니다. 뿐만 아니라 인간은 육체적·정신적으로 완전하지 않기에 믿을 수 없습니다. 하지만 인간을 믿는 것과 인간을 사랑하는 것은 다른 차원의 일입니다. 인간이 그 자체로 믿을 수 없고 나약한 존재라는 것을 확인할 때 우리는 깊은 연민과 함께 사랑을 느낄 수 있습니다. 나는 깨진 거울을 볼 때 나의 실체를 제대로 마주하고 연민과 사랑을 느낍니다.

제20조

1. 모든 국민은 종교의 자유를 가진다.

2. 국교는 인정되지 아니하며, 종교와 정치는 분리된다.

삶은 유한하기에 죽음을 생각한다

종교는 초자연적이고 절대적인 신을 숭배하며 삶의 궁극적 의미를 깨닫고자 하는 믿음의 체계를 말합니다. 종교의 자유는 종교의식이나 포교와 같은 활동을 하며 종교적인 삶을 살아갈 자유입니다. 종교의 자유는 선악에 대한 가치판단도 포함하지만 죽음을 초월하는 절대적 존재에 대한 믿음에 기반한다는 점에서 양심의 자유와는 다릅니다. 거룩하고 속됨을 일컫는 성속聖俗에 대한 가치판단이 기초입니다.

종교의 자유는 중세의 종교국가에서 벗어나 근대의 세속국가를 형성하는 사상적 기반이 되었습니다. 헌법은 국교를 인정하지 않으므로 국가는 종교와 정치를 분리해 중립성을 유지해야 합니다. 국공립학교에서 종교를 교양과목으로 가르치는 것은 허용하지만, 특정 종교의 교리만을 가르치는 것은 허용하지 않습니다. 국가가 관리하는 군대나 교도소에서 종교활동을 지원하거나 종교적 특혜를 주는 것 또한 무교에 대한 차별이므로 정교분리政教分離에 위반될 수 있습니다.

인간이 존엄하고 가치로운 이유는 우리 모두가 자신에게는 신적 존재이기 때문입니다. 다만 인간은 유한한 존재이기에 언젠가 찾아올 죽음에 대한 불안과 고통에서 벗어날 수 없습니다. 특히 종교적인 사람은 죽음을 외면할 수 없지요. 모든 종교가 사랑과 구원을 외치지만 종교를 앞세운 다수는 소수를 폭력적으로 억압하기 쉽고, 때로는 다른 종교보다 같은 종교의 분파와 이단에게 더욱 잔인하고 폭력적입니다. 인간세계에서 종교 갈등의 해소는 영원한 숙제와 같습니다.

중국의 고전 『대학大學』에서 "물유본말 사유종시物有本末 事有終始"라고 했습니다. 모든 사물에는 근본과 말단이, 모든 일에는 끝과 시작이 있다는 뜻으로, 곱씹어 보면 근본이 끝이며 말단이 시작이라고 읽힙니다. 이를 우리 삶에 대응시키면 죽음이 근본이고 출생이 말단입니다. 인간은 태어난 순간부터 죽음을 향하니 다시 말해 죽음을 살아가는 것인지도 모릅니다. 삶의 본질이 죽음이라면 잘 태어나기보다 잘 죽는 것이 중요할 것입니다. 물론 잘 죽기 위해서는 필연적으로 잘 살아야 합니다.

제21조

1. 모든 국민은 언론·출판의 자유와 집회·결사의 자유를 가진다.

2. 언론·출판에 대한 허가나
검열과 집회·결사에 대한 허가는 인정되지 아니한다.

3. 통신·방송의 시설기준과 신문의 기능을 보장하기 위하여
필요한 사항은 법률로 정한다.

4. 언론·출판은 타인의 명예나 권리 또는
공중도덕이나 사회윤리를 침해하여서는 아니된다.
언론·출판이 타인의 명예나 권리를 침해한 때에는
피해자는 이에 대한 피해의 배상을 청구할 수 있다.

매체의 다양성은 표현의 자유를 보장하는가

언론·출판과 집회·결사는 개인이 외부로 의사를 표출함으로써 인격을 발현하고 사회적 존재로서 타인과 소통하는 수단입니다. 의사를 표현하고 타인과 소통하는 것은 자기를 인식하는 가장 기본적인 행위이므로 특별히 보장되어야 합니다. 또한 언론·출판의 자유와 집회·결사의 자유는 민주주의의 필수 조건이자 국가권력에 대한 통제 장치입니다. 고대 그리스 철학자들인 소피스트의 수사학과 함께 발전한 민주주의에서 말과 글로 상대방을 설득하는 것은 지대한 역할을 했습니다.

언론·출판의 자유는 사실적시뿐만 아니라 명예훼손적인 표현과 상업광고까지 포괄합니다. 이는 법률로써 제한될 뿐이지요. 집회·결사의 자유는 의사 표출의 방식을 확대해 언론·출판의 자유를 보완합니다. 헌법은 국가가 언론·출판이나 집회·결사의 내용을 사전에 심사하고 허가하는 것을 인정하지 않습니다. 따라서 국회가 사전검열을 통해 언론·출판과 집회·결사를 예외적으로 허용하는 법률을 제정하더라도 이는 위헌인 것이지요.

헌법은 언론·출판·집회·결사의 자유를 보장하는 동시에 그 영향력에 따른 사회적 책임도 강조합니다. 국회는 통신·방송이 갖추어야 할 시설기준과 신문의 기능에 관한 사항을 법률로 정해놓았습니다. 또한 언론·출판은 타인의 명예나 권리, 공중도덕이나 사회윤리를 침해해서는 안 됩니다. 최근 가짜뉴스, 혐오발언 등 집단적이고 폭력적인 표현을 남발해 개인의 인격과 사생활을 침해하는 사례가 증가하고 있는데, 이런 피해를 입으면 배상을 청구할 수 있습니다.

현대사회에서는 SNS와 인터넷 등 다양한 매체에서 익명·가명이 확대되어 개인정보와 지적재산권이 침해받기도 하고 기업과 국가의 중요한 기밀이 유출되기도 합니다. 반면 정보의 매개와 내용이 범람할수록 정작 속마음을 솔직히 표현할 자유는 줄어드는 듯합니다. 개인이 내심內心을 표현하는 행위는 국가에서 강제적으로 규제하기보다 사적 영역에서 자율적으로 규제하는 것이 바람직합니다. 폭력은 개인의 원한을 공공의 분노로 획책劃策하는 재주가 있기에 나는 자꾸만 회색지대의 그림자에 숨게 됩니다.

제22조

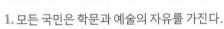

1. 모든 국민은 학문과 예술의 자유를 가진다.

2. 저작자·발명가·과학기술자와
예술가의 권리는 법률로써 보호한다.

진리를 탐구하고 아름다움을 추구할 자유

학문이란 지식을 기반으로 한 비판적 성찰을 통해 진리를 탐구하는 논리적이고 체계적인 활동을 말합니다. 진위眞僞에 대한 가치판단에 기초하며 연구와 발표 등의 학술활동과 대학의 자치까지 포함합니다. 학문은 기존에 알려진 진리와 가치에 대한 의문과 비판에서 시작되므로 국가는 진리와 가치의 상대성을 인정하고 중립을 지켜야 합니다. 특히 대학의 자치는 학사·인사·예산·시설 등의 자율성과 교원의 신분을 보장할 것을 강조합니다.

진리는 검증된 참된 지식이지만, 어떤 지식도 완벽하게 증명할 수는 없으므로 잠정적일 뿐입니다. 그러니 학문은 진리 탐구라기보다 오류를 발견하고 고쳐 새로운 개념의 틀을 만드는 과정으로 보는 것이 더 적합합니다. 진리는 발견하기 어렵지만 오류는 쉽게 발견해 고칠 수 있으니까요. 학문은 지식을 축적하기 위한 것이 아니라 지혜를 깨닫기 위한 것입니다. 지혜는 지식을 버리는 고통을 통해 획득할 수 있고, 더 큰 지혜는 더 큰 지식을 내려놓음으로써 얻을 수 있습니다. 문제는 버릴 지식이 있어야 한다는 것이지요.

예술은 사물을 매개체로 보편적인 아름다움을 표현하는 활동과 그 결과 도출된 작품을 말합니다. 인간은 일상적 관심에서 벗어난 무관심적 관조를 통해 카타르시스를 느낍니다. 카타르시스는 내적으로 평온한 상태에서 외적으로 압도되는 숭고한 상태입니다. 예술은 미추美醜에 대한 가치판단에 기초해 자율성·독창성·개방성을 특징으로 지닙니다. 국가는 학문과 마찬가지로 예술을 정치적으로 이용해서는 안 되며, 개방적이고 중립적인 태도를 지켜야 합니다. 저작자·발명가·과학기술자·예술가의 권리는 법률로 보호됩니다.

아름다움은 지극히 추상적이고 주관적인 개념이라 일률적으로 평가하기 어렵습니다. 예술의 주체도 애매합니다. 작품을 창작하는 사람은 예술가지만 감상하고 평가하는 사람은 전문가와 관객이기 때문입니다. 예술은 개인이 느끼는 지극히 내밀한 경험이므로 주체를 정의하는 것이 무의미할지도 모릅니다. 세상은 진-선-미 순으로 아름다움을 매기지만 나는 미-선-진의 순서에서 더 큰 감동을 받는 것처럼 말입니다.

제23조

1. 모든 국민의 재산권은 보장된다.
그 내용과 한계는 법률로 정한다.

2. 재산권의 행사는 공공복리에 적합하도록 하여야 한다.

3. 공공필요에 의한 재산권의 수용·사용
또는 제한 및 그에 대한 보상은 법률로써 하되,
정당한 보상을 지급하여야 한다.

우리가 결코 소유할 수 없는 것

재산권이란 재산을 소유하고 사용해 수익을 얻고 처분할 권리입니다. 재산권은 사유재산제도의 전제 조건이자 자본주의에 기초한 시장경제질서를 형성하고 유지하는 기반이 됩니다. 재산이란 동산, 부동산, 채권 등을 포함해 경제적 가치로 환원할 수 있는 모든 유무형의 자산을 일컫습니다. 개인의 재산은 사적으로 이용하고 처분할 수 있도록 인정해야 합니다. 앞서 살펴본 헌법 제13조는 소급입법을 통해 재산권을 박탈할 수는 없다고 규정해 특별히 보장합니다.

전통적으로 재산은 개개인이 노동의 결과로 획득한 것이므로 절대적인 소유물로 인식되었습니다. 하지만 오늘날에는 순전히 개인의 노력만으로 재산을 쌓을 수 없으며, 직간접적으로 사회제도와 연관되어 있기에 공공재의 성격을 띱니다. 헌법은 개인의 재산권을 보장하면서도 그 내용과 한계는 법률로 정하도록 하고, 재산권 행사는 공공복리에 적합해야 한다고 규정합니다. 또한 공공의 필요에 의한 경우에는 정당한 보상을 조건으로 재산권을 수용收用하도록 허용합니다.

다만 "인간 불평등의 기원은 사유재산제도에 있다"라는 루소의 지적은 여전히 옳다고 생각합니다. 재산권은 인간의 존엄과 가치를 위해서만 보장되어야 하지만 때때로 사람들은 재산을 매개로 타인을 지배하거나 스스로 노예가 되기도 합니다. 인간의 소유욕은 본능이며 충족될수록 더 욕망하게 되므로 자기파멸에 이르지 않도록 주의해야 합니다. 무언가를 소유하는 순간 그것의 노예가 되는 일은 너무나 쉽습니다. 개인은 타인에 의해 파멸되기보다 궁극적으로 자기자신에 의해 파멸됩니다.

인간은 자연을 대상화하고 착취해 재산을 쌓고는 스스로 노력해 얻은 것으로 여기며 소유를 정당화하고 있습니다. 인간이 자연의 일부인 것은 자연스럽지만 자연을 소유하는 것은 부자연스럽습니다. 지식을 버려야 지혜를 얻을 수 있듯이 부자가 되기 위해서는 욕심을 버려야 합니다. 인간은 결코 타인을 소유할 수 없으며, 사랑과 애정을 명목으로 타인을 독점해서도 안 됩니다. 나 자신도 나의 주체이자 객체이므로 온전히 내 소유가 될 수는 없다고 생각합니다.

제24조

모든 국민은 법률이 정하는 바에 의하여
선거권을 가진다.

선거는 대의 민주주의의 꽃

선거는 대의제代議制를 유지하는 데 필수적인 요소로, 현대국가들은 주기적인 선거를 통해 사회를 통합하고 국정을 운영합니다. 우리가 흔히 혼용하는 선거권과 투표권은 다른 개념입니다. 선거권은 선거Election를 통해 대표를 '선출할 권리'로 참정권을 의미합니다. 반면 투표권은 '투표행위Voting를 할 권리'로 구체적인 자격 요건을 나타냅니다. 국회는 법률로 투표권의 자격·요건·절차·한계를 정해놓았습니다.

대한민국은 국민이 주권을 행사하는 방식으로 대의제를 채택합니다. 국민이 대표자를 선출하고, 대표자가 국민을 대신해 주권을 행사하는 제도입니다. 이때 대표자가 주권을 행사할 수 있는 이유는 주권자가 대표자를 선출해 권리를 위임했기 때문입니다. 대의제가 성공적으로 운영되기 위해서는 대표자를 제대로 선출해야 하고, 그러기 위해서는 공정한 선거제도가 마련되어야 합니다. 선거가 국민의 의사를 왜곡해서는 안 됩니다.

국민에 의해 선출된 대표자는 다양한 의사와 이해관계를 조율하고 통합합니다. 이때 자신이나 특정 정파가 아닌, 국민 전체의 이익을 고려해 의사를 도출해야 합니다. 이후 민주절차에 따라 대화를 통해 반대자들을 설득하고, 최종적으로는 다수결에 따라 국가의사를 결정합니다. 대표자의 결정은 국민의 주권적 의사로 간주됩니다. 다만 대표자는 국민의 공복公僕, Servant이지 군림하는 지배자가 아니라는 사실을 항상 명심해야 합니다.

고대 그리스에서는 직접민주주의를 채택했는데, 모든 시민이 국정에 참여할 수는 없었으므로 제비뽑기와 같은 방식으로 돌아가며 대표자를 선출했습니다. 언제 당첨되는 불운(?)을 겪을지 모르기에 모든 시민은 정치 교육을 받고 대표자의 자질을 갖춰야 했습니다. 한편 선거로 대표자를 뽑는 것은 평등해 보이지만 다른 관점에서 보면 소수가 권력을 독점하는 과두정寡頭政이자 귀족 정치이기도 합니다. 잘 교육받은 엘리트에 의한 효율적인 정치가 가능하다는 장점이 있기도 하지만 정경유착을 초래해 금권정치로 타락할 위험도 도사리고 있습니다.

제25조

모든 국민은 법률이 정하는 바에 의하여
공무담임권을 가진다.

누구나 공무원이 될 권리가 있다

공무담임권은 국가의 공적 업무를 직접 수행할 수 있는 참정권으로, 간단히 말해 공무원이 될 권리입니다. 공무원은 선출직과 임명직으로 구분되고, 임명직의 경우 법관과 같이 일정 자격이 요구되기도 합니다. 그렇다면 공무담임권과 선거에 입후보해 당선될 수 있는 권리인 피선거권은 같은 개념일까요? 공무담임권은 피선거권을 포함하는 넓은 개념이며, 공직취임권은 물론 공무원의 신분을 부당하게 박탈당하지 않고 공직수행을 계속할 권리까지 두루 포함합니다. 반면 피선거권은 선출직 공무원에게만 적용되는 권리이지요.

개인은 공무담임권을 통해 주권을 직접 행사할 수 있습니다. 공무원은 국가권력을 맹종盲從하지 않고 국민 전체의 봉사자로 일해야 합니다. 다만 공무담임권은 공무담임의 기회를 보장하는 권리일 뿐, 모든 국민이 직접 공무를 담당하는 것을 보장하지는 않습니다. 또한 공무담임권은 국민의 지위에서 비롯되므로 공무원으로 일한다고 하더라도 국가권력의 주체라는 개인의 지위를 상실하지는 않습니다.

개인이 공무를 맡아 처리하는 것은 국가에 큰 영향을 미치므로 선거권보다 엄하게 규제해야 합니다. 때문에 공무담임권의 자격·요건·절차·한계는 국회에서 법률로 정합니다. 제헌국회는 1948년 건국헌법을 제정할 때부터 반민족행위처벌법을 통한 소급입법으로 공무담임권을 제한했으며, 1960년에는 반민주행위자공민권제한법, 1980년에는 정치풍토쇄신특별조치법 등을 통해 3·15부정선거에서 반민주행위를 한 자와 신군부 반대세력의 참정권을 제한한 바 있습니다.

국민주권은 국민의 자기지배를 통해 실현됩니다. 국민을 통치하는 사람은 국민 중에 선출되어야 합니다. 공무원이 국가기관의 구성원으로서 국민을 대상으로 권력을 행사하는 것은 자기지배이므로 정당합니다. 또한 국민은 공무를 담당하지 않더라도 선거를 통해 주권을 행사할 수 있습니다. 다만 투표할 때만 주인으로 행세하고 평소에는 관객이나 피지배자에 그치는 행태는 주의해야 할 것입니다.

제26조

1. 모든 국민은 법률이 정하는 바에 의하여
국가기관에 문서로 청원할 권리를 가진다.

2. 국가는 청원에 대하여 심사할 의무를 진다.

국민이 국가에 요구할 수 있는 것

청원권은 개인이 국가기관에 의견이나 희망을 진술해 사안에 대한 시정과 해결을 요구할 권리를 말합니다. 역사적으로 청원권은 공권력에 맞선 개인의 권리구제를 위해 등장했고, 근대에 와서는 국민이 정치적 의사를 형성하고 영향을 미칠 수 있는 참정권의 성격이 강조되었습니다. 모든 국민에게는 '법률이 정하는 바에 의하여' 청원권이 있습니다. 청원법은 그 구체적인 내용과 절차를 규정해 개인이 참정권을 구체적으로 실천할 수 있도록 합니다.

다만 국가에 대한 모든 청원이 기본권으로 보장되는 것은 아닙니다. 기본권은 헌법에 의해 보장되는 기본적 인권으로 법률적 권리와 구별됩니다. 기본권은 헌법소원의 대상이 되지만, 법률적 권리는 일반법원을 통해 구제받을 수 있을 뿐 헌법소원의 대상이 되지는 않습니다. 헌법은 '국가기관'에 '문서로' 청원하는 것만 기본권으로 인정해 국가에게 청원을 심사할 의무를 부과합니다. 이때 개인은 국가기관뿐만 아니라 지방자치단체 등에도 청원할 수 있습니다.

한편 개인은 원칙적으로 욕망하는 바를 스스로 노력해 달성해야 하고, 국가는 이를 방해하지 말아야 합니다. 하지만 국가는 권한과 책무가 미치는 범위에서는 개인의 청원과 요구에 응할 의무가 있습니다. 청원법은 동일한 내용의 반복청원은 종결하고, 여러 기관에 제기되는 이중청원은 소관기관에 이송하도록 규정합니다. 또한 국회에 청원하기 위해서는 국회의원의 소개가 있어야 합니다.

청원請願이란 용어에는 '백성이 바라는 바를 군주나 상전에게 부탁한다', '국가가 청원을 수용하는 것은 시혜를 베푸는 것이다'라는 뉘앙스가 담겨 있습니다. 하지만 청원권은 주권자인 국민이 당당히 요구할 수 있는 권리입니다. 개인의 욕심이 아닌 것이지요. 국가는 인간의 욕심을 어디까지 수용해야 할까요? 인간의 욕심은 일시적으로 충족할 수 있는 '욕구'와 영원히 충족되지 못하는 '욕망'으로 구분됩니다. 욕구는 수용될 수 있을지라도 욕망은 충족될수록 커지는 속성이 있기 때문에 버림으로써 해소하는 것이 바람직할 것입니다.

제27조

1. 모든 국민은 헌법과 법률이 정한 법관에 의하여
법률에 의한 재판을 받을 권리를 가진다.

2. 군인 또는 군무원이 아닌 국민은
대한민국의 영역 안에서는
중대한 군사상 기밀·초병·초소·유독음식물공급·
포로·군용물에 관한 죄중 법률이 정한 경우와
비상계엄이 선포된 경우를 제외하고는
군사법원의 재판을 받지 아니한다.

3. 모든 국민은 신속한 재판을 받을 권리를 가진다.
형사피고인은 상당한 이유가 없는 한
지체없이 공개재판을 받을 권리를 가진다.

4. 형사피고인은 유죄의 판결이 확정될 때까지는
무죄로 추정된다.

5. 형사피해자는 법률이 정하는 바에 의하여
당해 사건의 재판절차에서 진술할 수 있다.

공정한 재판의 핵심, 신속성과 투명성

개인의 권리를 침해당하거나 분쟁이 발생한 경우 사법기관이 사실관계를 확인하고 법률을 적용하는 과정이 재판입니다. 재판청구권은 개인이 법적 분쟁에 대해 독립적인 법원에서 재판을 받을 권리입니다. 재판은 사실확정과 법률판단으로 진행되는데, 사실은 증거에 의해 확정되고 법률은 법관에 의해 해석됩니다. 국민은 헌법과 법률이 정한 직업법관에 의해서만 재판을 받을 권리를 가지며, 군인이나 군무원이 아니라면 원칙적으로 군사법원의 재판을 받지 않습니다.

재판이 신속하게 이루어져야 개인의 권리가 실효적으로 보장됩니다. 민사재판은 심급*마다 5개월 이내, 헌법재판은 사건 접수일로부터 180일 이내에 선고를 내리도록 법률은 규정합니다. 다만 법원과 헌법재판소는 이를 훈시규정**으로 해석하고 기간을 경과해 재판하기도 합니다. 헌법재판이 청구되고 10년이 지나서야 비로소 판결을 내린 사례도 있지만, 법적 정의는 시기에 따라 완전히 달리 평가될 수 있으므로 적절한 타이밍을 놓친 정의는 정의롭지 못합니다.

재판은 법률이 정한 내용과 절차에 따라 진행되며, 일반인에게 공개되어 투명성을 확보해야 신뢰받을 수 있습니다. 헌법에는 '상당한 이유가 없는 한' 형사피고인은 지체 없이 공개재판을 받을 권리를 가진다고 규정되어 있지만, 형사재판뿐만 아니라 모든 재판이 신속하고 공개적으로 진행되어야 합니다. 또한 헌법은 형사피해자가 재판의 객체에 머무르지 않고 적극적으로 참여해 진술할 수 있도록 보장합니다.

타인과 공존하기 위해서는 역지사지의 태도가 필수입니다. 이때 '자기를 타자화'해야지 '타자를 자기화'해서는 안 됩니다. 자기를 타자화하는 경우에만 나와 타인을 모두 객관적으로 판단하고 이해할 수 있습니다. 반면 타자를 자기화하면 타인을 오해하고 폭력적으로 대응하게 됩니다. 자기도 타인도 제대로 이해할 수 없는 것은 물론입니다. 역지사지란 내가 바라는 것을 타인에게 행하는 것이 아니라 내가 바라지 않는 것을 행하지 않는 것이 핵심입니다.

---

*   소송의 결과에 불복할 때 상급 법원에 재심을 청구하도록 법원간 심판순서를 정해놓은 것

**   위반하더라도 그 효력에 영향을 미치지 않는 규정

제28조

형사피의자 또는 형사피고인으로서 구금되었던 자가
법률이 정하는 불기소처분을 받거나 무죄판결을 받은 때에는
법률이 정하는 바에 의하여
국가에 정당한 보상을 청구할 수 있다.

부당한 처벌에 대한 정당한 보상

국가는 형사소추권을 독점해 범죄를 수사하고 범인을 처벌합니다. 국가에서 개인을 처벌하기 위해 구금했다가 무죄로 판단한다면 무고한 자를 구금한 것이 됩니다. 이렇듯 범죄자로 지목되어 신체의 구금을 당했던 사람이 최종적으로 처벌받지 않게 된 경우 국가에 물질적·정신적 보상을 청구할 수 있습니다. 형사보상청구권의 행사는 수사를 받은 형사피의자가 불기소처분을 받거나, 기소되어 재판을 받은 형사피고인이 무죄판결을 받은 때에 인정됩니다.

이는 '구금되었던 자'의 권리이므로 불구속으로 수사나 재판을 받은 자에게는 인정되지 않습니다. 국가기관이 적법하게 수사를 했더라도 구금되어 피해를 입었기에 금전적으로 '보상'하는 것이지요. 즉 개인에게 끼친 손해나 손실에 대한 대가를 지불하는 것입니다. 이는 국가기관의 구성원인 공무원의 고의·과실에 따른 불법행위에 대해 금전적으로 '배상'하는 헌법 제29조 국가배상청구권과는 구분됩니다. 여기서 배상은 법률을 위반해 피해가 발생한 경우 손해를 물어주는 것을 의미하지요.

또한 개인이 국가에 형사보상청구권을 행사한다고 해서 수사기관의 불법행위에 대한 법적 책임을 물을 수 없는 것은 아닙니다. 공무원이 불법행위를 한 경우에는 국가배상청구권을 행사해 그를 형사적으로 처벌할 수 있고, 국가를 상대로 민사적으로 손해배상을 청구할 수도 있습니다. 다만 형사보상청구권은 '정당한' 보상을 청구할 수 있는 권리이므로 개인이 국가에게 부당한 보상까지 요구할 수는 없습니다.

정당하다는 것은 '정의에 합당'한 것이므로 국가는 부당한 형사보상은 하지 않아도 됩니다. 정당한지 부당한지 판단하기는 어렵지만, 국회는 법률을 통해 구체적인 범위를 결정합니다. 이를테면 범죄자가 불기소되거나 무죄선고를 받는 것이 반드시 무고하기 때문만은 아닙니다. 악행을 저질렀지만 증거가 부족하거나 법률해석의 차이에 기인하는 경우도 있습니다. 또한 수사를 그르칠 목적으로 거짓 자백을 한 경우에는 개인에게 책임이 있는 것으로 판단해 형사보상을 하지 않을 수 있습니다.

제29조

1. 공무원의 직무상 불법행위로 손해를 받은 국민은
법률이 정하는 바에 의하여 국가 또는 공공단체에
정당한 배상을 청구할 수 있다.
이 경우 공무원 자신의 책임은 면제되지 아니한다.

2. 군인·군무원·경찰공무원 기타 법률이 정하는 자가
전투·훈련등 직무집행과 관련하여 받은 손해에 대하여는
법률이 정하는 보상 외에 국가 또는 공공단체에
공무원의 직무상 불법행위로 인한 배상은 청구할 수 없다.

보상과 배상의 차이

국가배상청구권이란 공무원이 공무집행 중 고의나 과실로 개인에게 손해를 입힌 경우에 개인이 국가나 공공단체에 정당한 배상을 청구할 권리입니다. 국가배상청구권은 형사보상청구권과 달리 공무원의 '위법행위'에 대해 배상을 청구할 권리입니다. 다만 헌법은 군인·군무원 등이 직무집행과 관련해 받은 손해에 대해 법률로 보상을 결정하는 경우에는 이외에 다른 배상을 청구할 수 없도록 제한합니다. 즉, 군인·군무원 등은 국가배상청구권을 제한적으로만 행사할 수 있습니다.

공무원은 국가기관의 구성원이며 그 직무행위는 국가에게 법적 효력을 발생시킵니다. 공무원의 행위가 불법적이고, 국가가 불법행위를 지시하지 않았다고 하더라도 국가의 행위에 포함되므로 국가가 책임져야 합니다. 국가는 공무원의 불법행위에 대해 '공무원을 대신해서'가 아니라 '국가 자신의 책임으로' 배상해야 합니다. 다만 국가가 배상책임을 진다고 해서 공무원의 책임이 없어지는 것은 아닙니다.

"국왕은 불법을 행하지 않는다 The King can do no wrong"라는 관용 표현이 있습니다. 통치자의 행위는 법에 저촉되지 않는다는 의미입니다. 과거에는 관료들의 불법행위에 대해 국가가 책임지지 않았습니다. 국가는 관료에게 적법행위만을 위임했으니 관료가 불법을 저지른 경우에도 국가의 책임은 아니라는 것입니다. 하지만 국가가 공무원의 적법행위에 대해서만 책임지는 것은 공정하지 못하며 공무원의 불법행위로 개인이 손해를 입은 경우에는 국가가 직접 책임지는 것이 타당합니다.

국가가 개인에게 피해를 끼쳤을 때 금전적으로 갚는 방법에는 보상과 배상이 있습니다. 적법행위로 '손실'을 발생시킨 경우 보상을 하고, 불법행위로 '손해'를 발생시킨 경우 배상을 합니다. 하지만 적법과 불법은 명확히 구분하기 어렵습니다. 법은 정의를 지향하지만 인간이 만들었기에 완벽하지 못합니다. 정의롭지 못한 법을 집행하는 것이 불법으로 평가될 수도 있고, 때로는 그 법을 위반하는 것이 적법한 것으로 평가될 수도 있습니다.

제30조

타인의 범죄행위로 인하여
생명·신체에 대한 피해를 받은 국민은
법률이 정하는 바에 의하여
국가로부터 구조를 받을 수 있다.

국가가 범죄피해자에게 배상하는 이유

타인의 행위로 생명이나 신체에 피해를 입은 범죄피해자는 국가에 구조를 청구할 수 있습니다. 헌법은 '구조를 받을 수 있다'고 표현하지만, 이는 범죄피해자의 '구조청구권'을 인정하는 것으로 해석됩니다. 헌법은 피해자를 형사피해자와 범죄피해자로 구분하고 형사피해자에게는 재판에 참여해 진술할 권리를, 범죄피해자에게는 피해 구조를 청구할 권리를 보장합니다. 형사피해자와 범죄피해자는 현실에서 대부분 같은 의미로 쓰이지만 헌법상 서로 다른 개념입니다.

헌법은 범죄피해자에게 법률이 정하는 바에 의해 구조청구권을 보장하지만 국가에서 모든 범죄피해자를 금전적으로 구조하는 것은 아닙니다. 범죄피해자 보호법은 생명·신체를 해하는 범죄행위로 인해 사망하거나 장해·중상해를 입은 경우 본인, 배우자, 직계친족 및 형제자매를 범죄피해자로 규정합니다. 또한 피해구조금을 유족구조금·장해구조금·중상해구조금으로 구분하고 일시금으로 지급하도록 합니다.

범죄피해자구조청구권은 국가가 범죄를 예방할 책임을 제대로 수행하지 못해 범죄가 발생했으므로 그 피해를 배상해야 한다는 논리에 기반합니다. 범죄피해자는 범죄자에게 민사적 손해배상을 청구할 수 있고, 형사재판을 거쳐 유죄선고와 배상명령에 따라 구제받을 수도 있습니다. 하지만 범죄자가 자력으로 배상할 능력이 없는 경우 민사재판이나 배상명령으로 배상받기가 어렵습니다. 이런 경우 범죄피해자가 실효적으로 회복할 수 있도록 국가에서 책임지는 것입니다.

국가가 피해자에게 지급하는 구조금은 예산에 속해 세금으로 충당되며 범죄인에게 구상求償을 청구하지 않습니다. 사실 국가가 이렇게 사적 영역까지 개입해 피해자를 구제하는 것이 당연하지는 않습니다. 국가가 모든 범죄를 예방할 수는 없으므로 책임을 묻기도 애매합니다. 국가는 개인의 자율적인 생활을 최대한 보장하고 질서가 유지되지 못하는 경우에만 예외적으로 개입하는 것이 적절합니다. 국가가 사생활에 지나치게 개입하면 국민을 타자화해 노예로 전락시킬 위험이 있기 때문입니다.

제31조

1. 모든 국민은 능력에 따라 균등하게
교육을 받을 권리를 가진다.

2. 모든 국민은 그 보호하는 자녀에게 적어도 초등교육과
법률이 정하는 교육을 받게 할 의무를 진다.

3. 의무교육은 무상으로 한다.

4. 교육의 자주성·전문성·정치적 중립성 및 대학의 자율성은
법률이 정하는 바에 의하여 보장된다.

5. 국가는 평생교육을 진흥하여야 한다.

6. 학교교육 및 평생교육을 포함한 교육제도와
그 운영, 교육재정 및 교원의 지위에 관한
기본적인 사항은 법률로 정한다.

인간을 사회적 존재로 길러내는 수단

교육이란 사람이 살아가는 데 필요한 지식이나 기술을 가르치고 인격을 길러주는 활동입니다. 국가가 개인이 자율적으로 교육받는 것을 방해하지 않는 것만으로는 부족합니다. 교육을 받을 권리는 국민이 국가에 적극적으로 공교육을 위한 급부를 요구할 권리입니다. 이는 국가의 적극적인 개입을 요구하는 사회권이지요. 국가는 개인의 신체적·정신적 능력을 고려해 적절히 교육받을 수 있도록 시설과 제도를 마련해야 합니다.

헌법은 교육받을 권리를 실현하기 위해 국가에게는 물론 국민에게도 의무를 부과합니다. 모든 국민은 자녀에게 최소한 초등교육과 법률이 정하는 교육을 받게 해야 하고, 국가는 이를 위해 의무교육을 무상으로 실시해야 합니다. 국가는 교육의 자주성·전문성·정치적 중립성과 대학의 자율성을 보장하고, 학교교육뿐만 아니라 전 국민의 평생교육에 힘쓰며, 교육제도와 그 운영·재정·교원의 지위에 대한 기본적인 사항을 법률로 규정해야 합니다.

인간이 사회적 존재로 살아가기 위해서는 반드시 교육을 받아야 합니다. 교육은 개인의 차원을 넘어 국가 차원에서 헌법적 가치를 실현하는 수단입니다. 국가는 공부할 능력과 의지가 있음에도 경제적 여건이 부족해 교육받지 못하는 사람이 생기지 않도록 해야 합니다. 또한 공교육을 앞세워 특정 이념을 주입하거나 획일적인 기준으로 사람을 재단하면 안 되겠지요. 이는 오히려 교육의 자유를 침해하고 하향평준화를 초래해 학문 수준을 퇴행시킬 뿐입니다.

모든 국민에게는 능력에 따라 균등하게 교육받을 권리가 있습니다. 국가에서는 균등한 기회를 제공하되 능력에 따른 차이를 존중해야 합니다. 개인의 능력은 선천적 재능뿐만 아니라 후천적 노력도 포함하지요. 그 능력을 객관적으로 평가할 제도적 장치가 중요합니다. 그러나 개인은 지적 능력이 뛰어나다는 이유로 국가에 차별화된 특별 교육을 요구할 수 없고, 지적 능력이 부족하다는 이유로 평등하게 전체 교육수준을 하향하자고 요구해서도 안 됩니다.

제32조

1. 모든 국민은 근로의 권리를 가진다.
국가는 사회적·경제적 방법으로 근로자의 고용의 증진과
적정임금의 보장에 노력하여야 하며,
법률이 정하는 바에 의하여 최저임금제를 시행하여야 한다.

2. 모든 국민은 근로의 의무를 진다.
국가는 근로의 의무의 내용과 조건을
민주주의원칙에 따라 법률로 정한다.

3. 근로조건의 기준은 인간의 존엄성을 보장하도록 법률로 정한다.

4. 여자의 근로는 특별한 보호를 받으며,
고용·임금 및 근로조건에 있어서
부당한 차별을 받지 아니한다.

5. 연소자의 근로는 특별한 보호를 받는다.

6. 국가유공자·상이군경 및 전몰군경의 유가족은
법률이 정하는 바에 의하여
우선적으로 근로의 기회를 부여받는다.

근로의무는 권리를 실현하는 수단이다

근로는 사용자로부터 임금을 받는 대가로 신체적·정신적 노동을 제공하는 행위입니다. 근로의 권리는 국민이 국가에 건강하게 일할 기회와 환경을 요구할 권리이지요. 근로관계는 사용자와 근로자의 자유로운 계약에 의해 형성되기에 근로의 권리를 행사하는 것은 국가로 하여금 사적 영역에 개입하도록 요구하는 것입니다. 다만, 국가는 근로의 능력과 의사가 있는 국민에게 적절한 기회를 제공해야 하지만 직접 고용할 의무는 없습니다.

헌법은 국가가 고용을 증진하고 적정임금을 보장하며 최저임금제를 시행해야 한다고 규정합니다. 또 근로조건은 반드시 인간의 존엄성을 보장하도록 하고 여성과 연소자 등 사회적 약자의 근로는 특별히 보호해 고용·임금·근로조건에서 부당한 차별을 받지 않게 합니다. 국가유공자·상이군경·전몰군경*의 유가족에게는 우선적인 근로의 기회를 제공합니다. 다만 국가가 기업과 근로자의 자율적 영역에 지나치게 개입해서는 안 됩니다.

헌법은 근로의 '의무'라고 표현하지만, '권리'를 보장하는 차원에서 이해해야 합니다. 국가가 국민에게 근로의 의무를 부과하는 것은 자칫 잘못하면 강제노역으로 해석될 여지가 있습니다. 근로의 의무란 강제성을 강조하는 것이 아니라 기회를 보장하기 위해 규정해둔 것입니다. 국회는 법률로 근로의무의 내용과 조건을 정할 수 있지만 반드시 민주주의원칙에 따라야 하고, 근로와 직업의 자유를 침해해서는 안 됩니다.

인간은 노동을 통해 자아를 실현하고 타인과 관계를 맺습니다. 노동은 정신과 육체를 매개로 현실에서 나의 구체적인 존재 의미를 확인하는 과정입니다. 나는 노동으로 나를 세계에 투사하고, 투사된 세계에서 나를 인식하는 과정을 반복합니다. 나는 노동으로써 살아 있음을 느끼고, 노동하지 않으면 불안합니다. 나는 나를 돌아보게 하는 노동을 좋아합니다. 하지만 아침놀에서 나를 돌아보면 언제나 자괴합니다. 내 삶은 후회에 대한 후회의 연속이며, 부끄러움이 미장아빔Mise en abyme**으로 무한히 반복됩니다.

---

* 　 적과 싸우다 목숨을 잃은 군인과 경찰

** 　 그림 속의 그림, 이야기 속의 이야기처럼 복합적 의미 효과를 만들어내는 표현 기법

제33조

1. 근로자는 근로조건의 향상을 위하여
자주적인 단결권·단체교섭권 및 단체행동권을 가진다.

2. 공무원인 근로자는 법률이 정하는 자에 한하여
단결권·단체교섭권 및 단체행동권을 가진다.

3. 법률이 정하는 주요방위산업체에 종사하는
근로자의 단체행동권은 법률이 정하는 바에 의하여
이를 제한하거나 인정하지 아니할 수 있다.

사람 수만큼 존재하는 세계

헌법이 말하는 근로3권은 근로자가 사용자와 근로조건을 놓고 대등하게 협상할 수 있도록 헌법으로 보장하는 단결권·단체교섭권·단체행동권을 뜻합니다. 이는 모든 국민의 권리가 아니라 근로자의 권리입니다. 단결권은 근로자가 자주적인 단체를 결성하고 유지할 권리, 단체교섭권은 사용자와 교섭할 권리, 단체행동권은 교섭에 실패한 경우 집단적으로 행동할 권리입니다. 근로3권은 근로의 권리를 실현하기 위한 권리지만 헌법은 이를 근로의 권리와 별도의 기본권으로 인정합니다.

근로3권은 '근로조건의 향상을 위하여' 인정되는 '자주적인' 권리입니다. 때문에 근로자가 국가나 사용자에게 종속되어 자주성을 상실하면 안 되며 근로조건의 개선과 무관한 정치적 파업은 이에 포함되지 않습니다. 근로3권에서 핵심은 단체교섭권으로, 단결권은 단체교섭을 행사하기 위한 전제이며 단체행동권은 단체교섭권을 실효적으로 행사하기 위한 수단입니다. 공무원은 법률이 허용하는 경우에만 근로3권을 가지고, 주요 방위산업체 근로자의 단체행동권은 제한될 수 있습니다.

사용자와 근로자는 각자의 자유로운 의사에 따라 근로조건을 협상하고 결정합니다. 하지만 현실적으로 근로자가 사용자보다 불리한 지위에 있으므로 자율적이고 공정하게 근로조건을 결정하기는 어렵습니다. 근로3권은 근로자가 사용자와 동등한 위치에서 근로조건을 협상할 수 있도록 근로자에게 힘을 실어주는 권리이지 특혜를 위한 수단은 결코 아닙니다. 또한 국가가 근로3권을 근거로 사용자의 자유를 침해해서도 안 됩니다.

근로3권은 사용자와 근로자를 대립항으로 설정하지만 양측 모두 똑같은 인간입니다. 세상에 의미 없는 것은 아무것도 없고, 한 올의 머리카락도 그림자를 남긴다고 했습니다. 인간의 존엄은 절대적 가치로 존중되어야 하는 것입니다. 인간이라면 누구나 자기만의 세계를 구성합니다. 나의 실존은 구체적인 현실에서 고유한 자아로 나타나지요. 중국의 사상가 양자楊子는 자기 몸의 터럭 한 올을 버리면 천하가 이롭게 된다고 하더라도 그리하지 않는다고 했습니다. 내가 없으면 나에게는 어떤 세계도 존재하지 않기 때문입니다.

제34조

1. 모든 국민은 인간다운 생활을 할 권리를 가진다.

2. 국가는 사회보장·사회복지의 증진에 노력할 의무를 진다.

3. 국가는 여자의 복지와 권익의 향상을 위하여 노력하여야 한다.

4. 국가는 노인과 청소년의 복지향상을 위한
정책을 실시할 의무를 진다.

5. 신체장애자 및 질병·노령 기타의 사유로 생활능력이 없는
국민은 법률이 정하는 바에 의하여 국가의 보호를 받는다.

6. 국가는 재해를 예방하고 그 위험으로부터
국민을 보호하기 위하여 노력하여야 한다.

인간다움의 넓고 다양한 의미

인간다운 생활을 할 권리란 국민이 인간의 존엄과 가치를 지키며 살아갈 수 있도록 국가에 경제적이고 물질적인 급부를 요구할 권리입니다. '인간다운' 생활수준이란 주관적이고 상대적인 개념이지만 인간이 생물학적으로 '생존할 수 있는' 정도를 넘어 '건강하고 문화적인 생활을 영위할 수 있는' 정도까지 포함합니다. 국가가 부담해야 할 경제적·물질적 급부의 정도와 기준은 개개인의 주관적 관점이 아니라 역사적 현실과 조건을 반영해 객관적으로 판단해야 합니다.

국가는 국민을 위해 사회보장과 복지의 증진에 힘써야 합니다. 사회보장은 사회보험, 공공부조, 사회서비스로 구성되는데 모두 국가가 위험으로부터 개인을 보호하고 삶의 질을 보장하기 위한 장치입니다. 또한 여성, 노인, 청소년, 신체장애와 질병 등으로 생활력이 부족한 사회적 약자를 특별히 보호하며 더불어 재해를 예방하고 그 위험으로부터 국민을 보호하는 데 힘써야 합니다. 이때에도 사회적 재화가 불공정하게 분배되지 않도록 유의해야 합니다.

인간다운 생활은 개인이 자율적 인격체로서의 삶을 실현하기 위한 기본 조건입니다. 개인은 국가에 최소한의 물질적 급부를 요구할 수 있지만 그 이상은 스스로 노력해 획득해야 합니다. 개인은 국가라는 유기체를 구성하는 부분이 아니기 때문입니다. 국가는 사회복지라는 명목하에 개인의 자유를 억압하지 않아야 합니다. 국가에 의존하는 것이 구조화되면 국민 스스로 노예가 될 위험이 있습니다. 선한 목적이 악한 결과로 나타나지 않도록 조심해야 합니다.

'인간답다'는 것은 대체 무엇이며 누가 판단할까요? 인간은 모두 다르지만 자율적 인격체라는 점에서 평등합니다. 국가가 인간다움을 특정한 틀로 획일화하면 다양성을 말살하는 전체주의 사회가 될 수도 있습니다. 하지만 국가에 의해 다양성이 강요되는 것도 바람직하지는 않습니다. 다양성은 획일화에 대한 저항으로 발생하는 자연스러운 현상입니다. 차이는 다양성을 다루고 차별은 그 다양성을 말미암아 위계를 나눕니다. 차이는 존중되어야 하지만 차별을 정당화하는 수사修辭가 되어서는 안 될 것입니다.

제35조

1. 모든 국민은 건강하고 쾌적한 환경에서
생활할 권리를 가지며,
국가와 국민은 환경보전을 위하여 노력하여야 한다.

2. 환경권의 내용과 행사에 관하여는 법률로 정한다.

3. 국가는 주택개발정책등을 통하여
모든 국민이 쾌적한 주거생활을 할 수 있도록
노력하여야 한다.

잘 살아야 하는 이유

환경은 인간이 건강한 삶을 영위하기 위한 기반이자 미래세대의 삶을 결정짓는 중요한 요소입니다. 환경권은 건강하고 쾌적한 환경에서 생활하기 위해 국민이 국가에 필요한 물질적 급부를 요구할 권리이지요. 이때 환경에는 자연환경뿐만 아니라 소음, 진동, 일조와 같은 일상적인 생활환경도 포함됩니다. 헌법은 모든 국민이 '건강하고 쾌적한 환경'에서 머무를 권리를 보장하며 구체적인 내용과 행사는 법률로 정하도록 위임합니다.

헌법은 환경권을 실현하기 위해 국가와 국민에게 환경보전을 위해 노력할 의무를 부과합니다. 국가는 주택개발정책 등을 통해 모든 국민이 쾌적한 주거생활을 할 수 있도록 노력해야 합니다. 다만 이 조항을 들어 개인이 국가에게 자신이 원하는 주거생활을 할 수 있는 특정한 주택을 제공할 것을 요구할 수는 없습니다. 개인은 쓰레기를 줄이고 물건을 재활용하는 등 할 수 있는 선에서 환경을 보전해야 합니다. 또한 환경은 개인이나 국가차원에서 노력하는 것만으로는 보호될 수 없기에 국민, 국가, 세계가 함께 노력해야 합니다.

환경은 인간에게 영향을 미치는 자연적 조건이나 사회적 상황을 두루 뜻합니다. 이는 인간중심적 관점에서 나머지를 주변화하는 개념이지요. 나를 제외한 모든 타자와 세계는 '환경'이 됩니다. 하지만 관점을 바꿔보면 나도 타인에게, 동식물에게, 자연에게 환경이 됩니다. 인간과 자연은 서로가 서로에게 목적이자 수단인 환경입니다. 내가 건강하고 쾌적한 환경이 되지 않고서는 그런 환경에서 생활할 수 없습니다. 그러니 먼저 내가 좋은 환경이 되는 것에서 시작해야 합니다.

나의 환경은 운명과 숙명으로 구성됩니다. 운명은 노력을 통해 극복할 수 있는 외부 조건이고 숙명은 어쩔 수 없이 수용해야 하는 내재적 한계입니다. 부처는 나의 환경인 이 세상의 본질을 고통이라고 했습니다. 아이가 태어나 방긋 웃지 않고 소리 내어 우는 것은 세상이 그만큼 고통과 불안으로 가득하기 때문이라고 합니다. 사람은 행복하게 태어날 수는 없어도 행복하게 죽을 수는 있습니다. 이것이 내가 잘 살아야 하는 이유입니다.

제36조

1. 혼인과 가족생활은 개인의 존엄과 양성의 평등을
기초로 성립되고 유지되어야 하며,
국가는 이를 보장한다.

2. 국가는 모성의 보호를 위하여 노력하여야 한다.

3. 모든 국민은 보건에 관하여 국가의 보호를 받는다.

다양한 형태와 개념의 가족

혼인은 개인의 자유의사에 따라 부부로서 생활공동체를 형성하는 것입니다. 가족생활은 혼인, 혈연, 입양으로 연결된 구성원들이 서로 양육하고 보호하는 집단적 생활입니다. 혼인과 가족생활은 내가 타인과 관계하는 최소한의 외연으로서 나의 인격적 정체성을 형성하고, 문화적 사회공동체를 형성하는 기초가 됩니다. 헌법은 혼인과 가족생활이 '유지되어야 하며, 국가는 이를 보장한다'라고 표현함으로써 혼인과 가족생활을 할 권리를 사회권으로 인정합니다.

혼인과 가족의 형태는 역사적 현실에 따라 다양하게 나타납니다. 헌법은 개인의 존엄과 양성평등에 기반한 혼인과 가족생활을 보장합니다. 다시 말해 인간의 존엄이 보장되지 않고 성별 불평등에 기반한 혼인과 가족생활은 헌법적 가치에 부합하지 못하다는 뜻이지요. 국민은 혼인과 가족생활을 위해 필요한 물질적 급부나 제도를 국가에 요구할 수 있습니다. 또한 헌법은 국가가 모성의 보호를 위해 노력하고, 모든 국민의 보건을 보호해야 한다고 규정합니다.

인간은 혼인과 가족생활의 틀에서 스스로를 인식하고 존재의 의미를 확인하며 부모자식이나 형제자매로서의 삶을 살았습니다. 하지만 개인은 더 이상 혼인과 불가분의 관계에 있지 않습니다. 이제 법률혼과 이성혼만이 올바른 명제가 아닐 수도 있으며, 혼인신고를 하지 않은 사실혼도 보호하기 위해 법의 범위를 확대하고 있지요. 동성혼과 일부일처제에 대한 서로 다른 주장들도 제기되지요. 가족생활도 혼인이나 혈연과 무관한 다양한 방식으로 형성되고, 자녀를 양육하거나 부모를 부양하는 의미도 과거와 달라지고 있습니다.

누군가와 가족이 되는 것은 운명일 수도, 숙명일 수도 있습니다. 구체적인 모습은 제각각 다르지만 나와 가족은 서로 영향을 미치며 관계를 맺습니다. 가족은 나의 확장이 아니며 소유물도 아닙니다. 나와 가족은 어떤 몫을 포기하며 새로운 몫을 주고받는 관계입니다. 마치 양날의 검이나 파르마콘Pharmakon* 같기도 합니다. 서로를 성장시키는 선순환의 구조를 만들 때 분열과 불행을 막을 수 있을 것입니다.

---

* '약이자 독'이라는 의미의 이중적인 단어

제37조

1. 국민의 자유와 권리는 헌법에 열거되지
아니한 이유로 경시되지 아니한다.

2. 국민의 모든 자유와 권리는
국가안전보장·질서유지 또는 공공복리를 위하여
필요한 경우에 한하여 법률로써 제한할 수 있으며,
제한하는 경우에도 자유와 권리의
본질적인 내용을 침해할 수 없다.

타인이 있어야 권리도 있다

헌법은 불가침의 기본권을 규정하지만, 어떠한 경우에도 제한할 수 없는 절대적인 권리로 보장하는 것은 아닙니다. 모든 개인이 기본권을 제한 없이 행사한다면 결국 국가공동체를 유지할 수 없기 때문입니다. 기본권의 제한이란 그런 일을 막기 위해 기본권의 행사에 제약을 두는 것을 말합니다. 국가는 기본권을 제한할 수 있어도 부당한 이유로 침해할 수는 없습니다. 기본권 침해는 헌법적으로 정당화되지 않습니다.

헌법은 국민의 자유와 권리가 헌법에 열거되지 않은 이유로 인해 경시되지 않는다고 규정합니다. 기본권은 국가안전보장·질서유지·공공복리를 위해 필요한 경우에 한해 법률로 제한할 수 있지만 그 본질적인 내용은 침해할 수 없습니다. 즉, 이 조항은 기본권을 제한하는 근거로 읽히지만 사실 기본권의 제한에 대한 '한계'를 설정해둔 것입니다. 다시 말해 기본권은 헌법에 규정된 상황에서만 제한할 수 있고 다른 이유로 기본권을 제한할 수 없습니다.

인간의 권리는 타인과의 공존을 전제로 합니다. 만약 세상을 혼자 살아가며 타인과 전혀 관계를 맺지 않는다면 권리가 필요하지 않을 것입니다. 권리는 타인에 대해 나의 이익을 주장할 수 있는 힘이기 때문입니다. 기본권의 제한도 마찬가지입니다. 내 권리의 한계는 타인의 권리가 시작되는 지점까지이므로 그 지점을 침해하지 않도록 적당히 제한해야 합니다. 타인은 다른 '나'이므로 그의 권리도 나의 권리와 동등하게 존중되어야 마땅합니다.

나는 나를 마주하며 스스로를 인식하지만, 타인을 통해서만 나를 객관화해 자기인식을 완성합니다. 나와 타인은 서로를 대립항으로 의지하면서 존재합니다. 인간이 감정 이입을 한다는 것은 타인의 감정을 나의 것으로 받아들이는 것이 아닙니다. 타인의 모습에서 나를 발견하고 인식하는 것이지요. 그리스 로마 신화 속 나르키소스가 사랑한 것도 자기 자신이 아니라 물에 비친 '타인'이었습니다. 나를 사랑할 수 있어야 타인을 사랑할 수 있고, 반대도 마찬가지입니다.

제38조

모든 국민은 법률이 정하는 바에 의하여
납세의 의무를 진다.

부의 재분배를 위한 국가 시스템

헌법은 납세의무를 규정합니다. 국가의 존속과 유지에 필요한 재정적 기반을 다지기 위해 국민에게 부담을 지우는 것이지요. 납세는 조세를 납부하는 것, 조세는 국가가 재정조달을 목적으로 국민으로부터 반대급부 없이 강제적으로 징수하는 금전을 말합니다. 헌법은 국민의 재산권을 보장하는 동시에 납세의무를 부과합니다. 납세의무는 재산권의 제한을 수반하지만 그 제한이 정당화되는 범위에서 작동하면 재산권을 침해하는 것은 아닙니다.

국가는 헌법을 근거로 납세의무를 집행할 수 있을까요? 그렇지는 않습니다. 헌법에 규정된 납세의무는 선언적 의미일 뿐 구체적인 사항은 법률로 정해져 있기 때문입니다. 국민은 '법률이 정하는 바에 의하여' 납세의무를 부담하므로 국가는 헌법이 아닌 세법을 통해서만 과세할 수 있습니다. 헌법에 규정된 다른 기본권이 법률적 권리보다 우월한 효력을 갖고 개인이 헌법을 근거로 국가에 직접 기본권을 주장할 수 있는 것과는 다릅니다.

국가는 공정하게 세금을 부과하고 엄정하게 납세를 집행해야 합니다. 납세는 국가로부터 재산을 탈취당하는 것이 아니라 자기통치를 위한 비용을 마련하는 개념에 가깝습니다. 납세를 위해서는 소득이 있어야 하고, 소득은 부가 적절히 재분배됨으로써 형성됩니다. 국가가 부패하면 국민의 재산을 수탈하고자 재분배 시스템을 구조화할 위험이 있습니다. 납세의무가 개인을 수탈하고 노예화시키는 수단으로 전락해서는 안 됩니다.

국가는 권력을 향한 의지와 보호받고자 하는 욕망이 복잡하게 결합해 탄생한 인격체입니다. 국가기관이 조직되어 활동하는 데 필요한 재원과 비용은 국가의 주체인 국민이 부담하는 것이 당연합니다. 국민이 납세의무를 진다는 것은 각자 책임져야 할 몫을 공정히 부담한다는 뜻입니다. 다만 정의는 각자의 몫을 공정히 배분하는 것으로 끝나지 않고 각자가 책임까지 다할 때 비로소 완성됩니다. 하느님은 모든 사람에게 평등하게 달란트를 주었지만 그 내용은 모두 다른 것처럼 말이지요.

제39조

1. 모든 국민은 법률이 정하는 바에 의하여 국방의 의무를 진다.

2. 누구든지 병역의무의 이행으로 인하여
불이익한 처우를 받지 아니한다.

국방의무, 국민의 책임

국방이란 외국의 침략으로부터 국가를 보호해 독립을 유지하고 영토를 보존하는 것입니다. 국방의무는 군인으로 복무하는 병역의 의무뿐만 아니라 민방위 소집과 같이 군사적 조치에 협력하는 것도 포함합니다. 국방의무는 법적 근거를 바탕으로 거주·이전의 자유와 같은 기본권을 제한할 수 있습니다. 한편 헌법은 국제평화와 평화통일을 기본원리로 채택하므로 국방의무가 침략전쟁이나 무력 도발에 이용되어서는 안 됩니다.

국민이 병역의무를 이행하는 것은 헌법에 규정된 국방의무를 다하는 것이므로 그로 인해 불이익한 처우를 받아서는 안 됩니다. 다만, 병역의무를 이행하는 동안 취업이 제한되는 것과 같이 사실상의 불이익은 정당화됩니다. 헌법은 병역의무를 이행했다는 이유로 '불이익한 처우'를 받지 않도록 규정할 뿐입니다. 개인이 병역의무를 이행했다고 해서 국가가 반드시 보상이나 특혜를 부여해야 하는 것은 아닙니다.

국가는 국방의무가 개인을 억압하고 희생시키는 국가주의 이데올로기로 변질되지 않도록 유의해야 합니다. 국가주의는 국가를 우선시해 개인과 사회를 국가의 목적을 위해 통제해야 한다는 이데올로기입니다. 역사적으로 파시즘이나 전체주의와 결합해 국민의 자유를 억압했습니다. 국가주의에는 '어떠한' 국가에 대한 고유한 이념적 기초가 없기 때문에 어떤 이념과도 결합할 수 있어 더 위험합니다.

국가는 내가 살아가는 현장입니다. 국가의 존립과 안전을 유지하는 것은 편안한 내 삶을 만드는 전제가 됩니다. 때로 개인이 국가공동체를 위해 자신을 희생하는 것은 고귀하고 아름다운 삶으로 여겨지며 도덕적으로 칭송됩니다. 다만 개인이 국가의 안전보장을 위해 국방의무를 지는 것은 국가의 구성원으로서 부담하는 최소한의 책임입니다. 반면 개인이 자신의 삶에 대해 책임을 진다는 것은 도덕적 의무를 이행하거나 그 결과를 수용하는 것에 그치지 않는 행위입니다. 개인은 자기성찰과 결단을 통해 새로운 '나'를 만들고 새로운 삶을 실천합니다.

"헌법이 국민들에게 보장할 수 있는
유일한 것은 행복을 추구할 권리이다.
당신은 스스로 행복을 잡아야 한다."

 벤저민 프랭클린(미국의 정치인)

제3장
국회

규칙에 합의하기 위한
토론과 설득의 힘

헌법 제3장은 국회의 구성, 기관, 운영, 권한에 대한 기본사항을 규정하고 구체적 내용은 국회법과 같은 법률에 위임합니다. 제40조부터 제65조까지 26개 조문으로 구성되어 있습니다.

국회는 의회주의의 중심축입니다. 의회주의란 국민의 대표기관인 국회가 국정의 중심이 되어 의사를 결정하는 정치원리를 말합니다. 주로 의회의 다수당이 내각을 형성하는 의원내각제의 형태로 나타나지만, 대통령제나 이원정부제로 실현될 수도 있습니다.

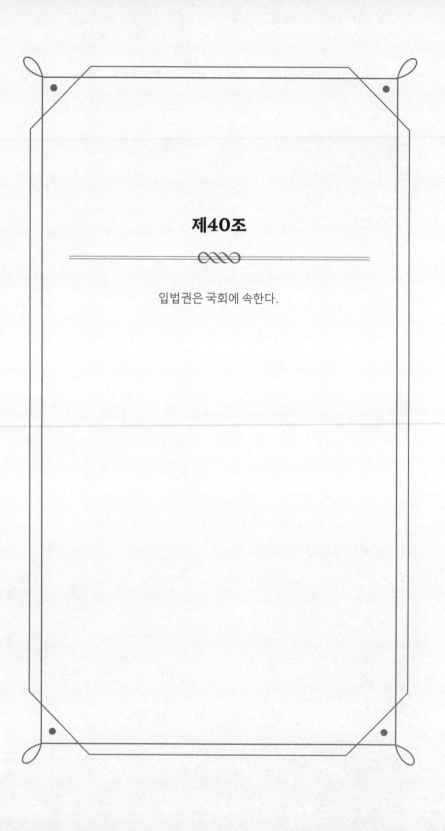

제40조

입법권은 국회에 속한다.

국회는 과연 국민을 대표하는가

헌법 제40조는 130개의 조문 중 가장 짧지만 매우 많은 내용을 함축합니다. 입법권이 국회에 속한다는 것은 법치국가에서 권력분립을 실현하는 기초가 됩니다. 국가는 국회가 제정한 법률에 따라 운영됩니다. 입법권을 가진 국회는 국가기관의 권한과 국민의 권리 및 의무에 관한 사항을 법률로 제정할 권한과 책무를 가집니다. 또한 국회가 제정한 법률은 국민 전체의 의사로 간주되어 정당하게 국가기관과 국민을 구속합니다.

법률은 다양한 입장과 이해관계를 조정해 국가의사로 도출되므로 국민에 의해 선출된 합의기관인 국회에서 제정하는 것이 타당합니다. 국회가 입법권을 정당하게 행사하기 위해서는 먼저 국민의 대표성을 확보할 수 있도록 선거제도와 정당제도가 마련되어야 합니다. 국회는 헌법에 근거해 입법형성권을 가지므로 헌법이 위임하는 범위에서만 입법할 수 있는 것이 아니라, 헌법에 위반되지 않는 한 어떠한 법률도 제정할 수 있습니다. 다만 법률이 헌법에 위반되면 헌법재판소의 심판에 따라 무효화될 수 있습니다.

국회가 국민의 대표라는 것은 주권자인 국민이 대표를 선출하고 권한을 위임했다는 사회계약론에 기초합니다. 국민이 선출한 의원으로 구성되므로 국회가 국민의 대표로 인정받는 것이지요. 하지만 국회가 정말로 국민을 대표하는지는 깊이 고민할 문제입니다. 국민은 계약을 체결한 적이 없으며 설사 계약을 체결한 것으로 인정하더라도 해지할 수는 없습니다. 어쩌면 국민의 대표라는 것은 국회가 권력을 효율적으로 행사하기 위해 작동시킨 허상일지도 모릅니다.

『리바이어던』을 쓴 영국의 철학자 토머스 홉스는 국민이 계약을 체결해 국가에 주권을 '양도'했다고 주장했고, 또 다른 철학자 존 로크는 이를 계승하면서 '위임'했다고 변형했습니다. 반면 프랑스 사상가 장 자크 루소는 주권자인 국민의 의사가 직접 국정에 반영되어야 한다고 강조했습니다. 근대국가는 로크의 위임계약에 기초하지만, 나는 주권이 신이나 왕으로부터 비롯된 것이 아니라 국민에게 속한다는 것을 가장 먼저 이론적으로 체계화한 홉스의 혁명적인 사상을 가장 높이 평가합니다.

제41조

1. 국회는 국민의 보통·평등·직접·비밀선거에 의하여
선출된 국회의원으로 구성한다.

2. 국회의원의 수는 법률로 정하되, 200인 이상으로 한다.

3. 국회의원의 선거구와 비례대표제 기타 선거에
관한 사항은 법률로 정한다.

훌륭한 대표를 뽑기 위한 전제 조건

역사적으로 의회는 여러 신분의 대표가 모여 이루어진 회의체에서 비롯되었고 근대국가를 형성하며 국민에 의해 선출된 의원들의 합의체로 변화했습니다. 국회의원은 국민의 보통·평등·직접·비밀선거에 의해 선출되며, 그 수는 200인 이상으로 법률로 정합니다. 현재 대한민국 국회의원의 정원은 300인입니다. 국회의원의 선거구와 비례대표제 등 기타 선거에 관한 사항은 법률로 정하도록 규정합니다. 여기에는 국회 스스로 자신의 이해관계에 관한 사항을 결정해야 한다는 점에서 한계가 있습니다.

의회의 형태는 나라의 역사적 경험과 정치문화에 따라 상원·하원을 두는 양원제와 하나의 의회만을 두는 단원제로 구분됩니다. 양원제와 단원제는 제각각 장단점이 있지만 제도 그 자체보다 의회를 운영하는 헌정질서에 의해 다르게 평가됩니다. 미국·영국·프랑스·독일·일본 등은 양원제를 채택하고, 대한민국은 1960년 헌법에서 양원제를 채택한 적이 있지만 현재는 단원제를 채택하고 있습니다. 국회를 양원제로 운영하려면 개헌을 해야 합니다.

국민에게 강제로 선거의무를 부과할 수 있을까요? 어떤 나라는 엄격한 선거의무를 부과하고 위반하면 형벌, 선거권 제한, 금융거래 금지 등의 강력한 조치를 취하기도 합니다. 하지만 우리 헌법은 선거권을 기본권으로 규정할 뿐 의무까지 부과하지는 않습니다. 공직선거법도 선거의무를 규정하지만 제재조항을 두지는 않습니다. 대한민국에서는 투표하지 않는 것도 정치적 의사 표시로 간주하므로 법률로 투표의무를 부과하고 위반행위를 제재하는 것은 자유선거의 원칙에 위배됩니다.

국민이 국회의원을 선출하는 것은 대의제의 조건일 뿐 성공까지 보장하지는 못합니다. 그러니 국회의원을 제대로 선출해야 하는데, 서로 경쟁하고 네거티브를 쏟아내는 후보자 중 누구를 고를지 판단하기가 쉽지 않지요. 산이 높으면 골이 깊지만 골이 깊다고 산이 높은 것은 아닙니다. 훌륭한 사람은 못난 사람 옆에서 더욱 빛나지만, 못난 사람 옆에 선다고 다 훌륭한 사람이 되지도 않습니다. 선량選良을 뽑으려면 우선 후보자 가운데 훌륭한 이가 있어야 합니다.

제42조

국회의원의 임기는 4년으로 한다.

국회의원의 역할과 책무의 우선순위

국회는 입법권을 행사하는 헌법기관이고 국회의원은 국회의 구성원입니다. 국회의원은 국회와는 별도로 국민의 대표이자 독자적인 헌법기관입니다. 국회의원은 토론과 표결을 통해 입법 과정에 참여하지만 독자적인 입법권을 가지지는 않습니다. 국회에서 입법절차를 위반하더라도 이는 국회의원의 입법권이 아니라 토론권과 표결권을 침해할 뿐입니다. 국회의원의 임기는 4년이며 중임이나 연임에 제한이 없습니다.

국회의원은 이론적으로 국민대표이지만 현실에서는 정당대표로 활동합니다. 정당은 국회의원 후보에 대한 공천권을 가지며, 단체교섭을 통해 국회의원을 상임위원회에 배정하고 중요한 사안을 당론으로 결정합니다. 국회의원이 공무를 수행하다 보면 국민대표이자 정당대표라는 두 지위가 충돌하기도 합니다. 이때 국회의원은 국민대표를 우선하고 그 범위에서만 정당대표로 활동해야 합니다. 국회법도 '의원은 국민의 대표자로서 소속 정당의 의사에 기속되지 아니하고 양심에 따라 투표한다'라고 규정합니다.

대의제는 국민의 대표가 임무를 제대로 수행해야 성공할 수 있습니다. 국회의원은 국민의 의사를 기계적으로 반영하는 것이 아니라 스스로 국가이익을 판단해야 합니다. 주권적 의사를 왜곡하지 않으면서 확인된 국민의사가 국가이익과 다르다고 판단되면 후자에 따라야 합니다. 이처럼 국회의원에게 주어지는 국민의 명령적 위임을 배제하고 소신에 따라 판단했을 때 법적 책임을 지지 않는 활동을 '자유위임'이라고 합니다. 국회의원은 4년의 임기 동안 자유위임에 따라 활동할 수 있습니다.

국민이 훌륭한 국회의원을 선출하기 어렵듯 국회의원도 국민의사와 국가이익을 판단하기는 쉽지 않습니다. 인간이 인식하는 세계는 언제나 인간을 기만합니다. 내가 선출한 타인도 나의 욕망을 모두 충족시킬 수는 없습니다. 사람들은 타인을 욕망하고, 타인의 욕망이 되기를 욕망하고, 타인이 욕망하는 것을 욕망합니다. 욕망은 생명력의 원천이라 뿌리뽑을 수는 없어도 그 늪에 빠지지는 않아야 합니다. 우리는 언제나 '욕망하는 나'를 주의해야 합니다.

제43조

국회의원은 법률이 정하는 직을 겸할 수 없다.

절대 배신당하지 않는 방법

국회는 국회의원을 통해 입법의 권한을 행사합니다. 여기서 국회의원은 국회와 별도의 헌법기관이므로 그 권한도 국회의 권한과 구별됩니다. 때문에 국회의 권한이 행사되는 과정에서 국회의원의 권한은 제한될 수도 있습니다. 헌법은 국회의원에게 개인적 이익을 보장하기 위한 '권리'가 아닌 법적 권능으로의 '권한'을 부여합니다. 권리에는 의무가 따르고 권한에는 책임이 동반되지요.

국회의원이 맡은 바 책임을 다하기 위해 헌법은 국회의원에게 법률이 정하는 직을 겸할 수 없도록 하고, 국회법이 이를 구체적으로 규정합니다. 국회의원은 원칙적으로 다른 직을 겸할 수 없고, 공익을 목적으로 하는 명예직, 정당의 직책, 법률이 특별히 허용하는 직무만 겸할 수 있습니다. 이때에도 겸직으로 보수를 받을 수는 없고 지출한 개인비용에 대한 실비변상만 받을 수 있습니다. 국회의원은 국민 전체의 대표자로서 국가이익을 위해 일해야 합니다. 국민대표로 간주되는 국회가 결정한 의사가 국회의원이 추구하는 특정한 이익과 충돌할 수 있으므로 겸직이 금지되는 것입니다.

국회의원은 현실에 존재하는 다양한 이해관계를 조정해 단일한 의사로 도출해야 합니다. 그러기 위해 계층, 지역, 세대별 다양한 의견을 비례적으로 반영해야 하지요. 정파적 갈등을 극대화해 정치세력을 유지하려고 해서는 안 됩니다. 우리는 이성적인 토론이 사라지고 다수결의 폭력성으로 얼룩진 국회를 지켜보며 살고 있습니다. 오늘날 국회는 편가르기를 하고 국민들로 하여금 어느 한쪽에 설 것을 강요합니다. 국민은 정치에서 스스로 소외되곤 합니다.

나는 경험을 통해 상처받지 않고 배신당하지 않는 법을 깨달았습니다. 타인을 신뢰하지 않으면 배신을 당할 수도 없습니다. 타인, 특히 정치인을 쉽게 믿어서는 안 됩니다. 신뢰하는 것은 나의 몫이므로 배신도 결국 내 탓입니다. 불신은 믿지 않는 것보다 믿을 수 없는 것에 가깝습니다. 나는 나를 믿지 않는 게 아니라 도무지 믿을 수 없습니다. '나를 믿을 수 없는 나'조차 믿을 수 없어 나를 믿을 수 있다는 오류에 빠질 정도입니다.

제44조

1. 국회의원은 현행범인인 경우를 제외하고는
회기 중 국회의 동의없이 체포 또는 구금되지 아니한다.

2. 국회의원이 회기 전에 체포 또는 구금된 때에는
현행범인이 아닌 한 국회의 요구가 있으면 회기 중 석방된다.

불체포특권을 부여하는 이유

국회의원은 회기 중에 원칙적으로 체포되거나 구금되지 않습니다. 회기란 국회의 집회일부터 폐회일까지, 정기국회와 임시국회를 모두 포함합니다. 회기 시작 전이나 종료 후에는 국회의원을 체포하고 구금할 수 있습니다. 다만 회기 중이라도 국회가 동의한 경우 체포·구금할 수 있으며, 회기 전에 체포·구금되더라도 국회의 요구가 있다면 회기 중에는 석방됩니다. 또한 회기 중에도 불구속상태로 수사하고 기소하는 것은 가능합니다.

이와 같은 불체포특권은 국회의원 개인에게 부여한 것이 아니라 국회의 정상적인 기능을 보장하기 위한 것입니다. 다만 국회의원이 현행범인 경우에는 국회의 동의 없이 체포·구금할 수 있고, 국회가 석방을 요구할 수도 없습니다. 범죄사실이 명백해 부당하게 체포·구금될 위험성이 없으며, 국회의 정상적인 기능을 방해하지도 않기 때문에 불체포특권을 인정하지 않는 것입니다.

국회의원은 헌법이 부여한 특권 자체를 포기할 수 없지만 현실적으로 행사하지 않을 수는 있습니다. 국무총리나 국무위원을 겸하는 경우에도 국회의원의 신분으로 불체포특권을 가집니다. 국회는 법률을 통해 불체포특권을 폐기할 수 없고, 헌법개정을 통해서만 폐지할 수 있습니다. 국회가 국회의원의 체포·구금에 동의하더라도 법관이 이에 기속되어 영장을 발부해야 하는 것은 아니며, 구속사유를 판단해 발부 여부를 결정할 수 있습니다.

대의제는 자유위임을 근거로 국회의원에게 직무수행에 대해 법적 책임을 묻지 않습니다. 하지만 자유위임은 당연히 인정되는 법적 이치라고 할 수 없고, 국회가 사후적으로 스스로 법리화시킨 이론입니다. 현실적으로 주권자인 국민은 국회의원에게 자유위임을 한 적이 없습니다. 국민주권의 관점에서 국회는 위임자인 국민의 의사를 따라야 하며, 국민의 의사를 왜곡한 경우에는 그에 대한 법적 책임을 져야 합니다.

제45조

국회의원은 국회에서 직무상 행한 발언과 표결에 관하여
국회 외에서 책임을 지지 아니한다.

국민 스스로 감당해야 하는 몫

국회의원에게는 국회에서 직무상 행한 발언과 표결에 관해 국회 외에서 책임을 지지 않는 면책특권이 있습니다. 면책특권은 '국회에서 직무상 행한' 행위로서 '발언과 표결'만 그 대상이 되며, 국회 이외의 장소에서 한 행위나 직무와 무관한 사적 행위는 그 대상이 되지 않습니다. 국회의원은 형사적·민사적 책임을 지지 않으므로 국회의원의 직을 종료하더라도 그 책임을 지지 않습니다. 다만, '국회 외에서' 책임을 지지 않는다는 것이므로 국회 내부에서는 징계를 통해 책임을 물을 수 있습니다.

면책특권은 앞서 말한 불체포특권과 어떻게 다를까요? 면책특권과 불체포특권은 공통적으로 국회의원 신분에 부여하는 특권으로 국무총리나 국무위원을 겸하는 경우에도 인정되며, 국회의원이 개인적으로 특권 자체를 포기할 수 없습니다. 하지만 면책특권은 형사절차에서 체포와 구금을 금지하는 불체포특권과 달리 민사적인 책임까지 면제합니다. 또 면책특권은 국회의 동의나 요구를 필요로 하지 않으며 회기뿐만 아니라 임기 종료 후에도 인정됩니다.

국회의원의 면책특권은 역사적으로 불체포특권과 마찬가지로 지배자의 탄압을 막기 위해 시작되었습니다. 그러나 최근에는 국회의원을 탄압할 가능성이 희박하고, 오히려 국회의원이 권한을 남용하는 사례가 증가했습니다. 따라서 국회의원에게 특권을 부여하기보다는 법적 책임을 강화해야 한다는 주장이 제기되고 있습니다. 국회의원의 특권은 국회의 정상적인 활동을 보장하기 위한 것이므로 개인적 이익이나 정치적 목적으로 남용하지 않도록 통제 장치를 마련해야 합니다.

주권자인 국민이 직접 선출한 대표에게 법적 책임을 물을 수 없다는 것은 정당하지 않습니다. 대표의 주권 행사에 대해서는 일차적으로 대표가, 최종적으로 대표를 선출한 주권자가 책임져야 합니다. 그러나 대표에게는 주권자가 책임을 물을 수 있지만 주권자에게 책임을 물을 방법이나 주체는 없지요. 때문에 어떤 국회의원을 선출했든 국민이 스스로 감당할 수밖에 없습니다. 국민이 선출한 국회의원을 국민이 욕하는 것은 슬픈 일입니다.

제46조

1. 국회의원은 청렴의 의무가 있다.

2. 국회의원은 국가이익을 우선하여
   양심에 따라 직무를 행한다.

3. 국회의원은 그 지위를 남용하여 국가·공공단체
   또는 기업체와의 계약이나 그 처분에 의하여
   재산상의 권리·이익 또는 직위를 취득하거나
   타인을 위하여 그 취득을 알선할 수 없다.

국회의원의 직업적 양심

국회의원은 국가이익을 우선하며 직무를 수행해야 합니다. 국회의원은 국민 전체의 대표이므로 지역구에서 당선되어도 지역민이나 유권자, 정당과 같이 부분적인 특수집단의 이익보다 국익을 우선적으로 추구해야 합니다. 국회의원은 '양심에 따라' 직무를 수행해야 하는데, 이때 양심은 법적 권한을 행사하는 직업적 양심을 뜻하므로 개인적 양심과 충돌할 경우 전자를 우선해야 합니다.

헌법은 국회의원의 겸직을 금지하고 청렴할 의무를 부여합니다. 국회의원은 지위를 남용해 국가나 공공단체 또는 기업체와 계약이나 처분에 의한 재산상의 권리와 이익 또는 직위를 취득하거나 타인에게 알선할 수 없습니다. 이는 단순한 도덕적 권고가 아니라 헌법에 명시되어 있는 의무입니다. 국회는 국회의원의 윤리를 제고하기 위해 윤리특별위원회를 두고 국회의원윤리강령과 실천규범을 제정했습니다.

국민은 양심에 따라 직무를 수행하는 국회의원을 선출하려고 하지만 쉬운 일이 아닙니다. 국회의원 선거에서는 대표제와 선거구가 중요하기에 국민의 의사가 왜곡되지 않고 비례적으로 반영될 수 있는 제도가 마련되어야 합니다. 대표제는 대표의 수를 배분하고 당선자를 결정하는 방식으로 최대 득표자가 당선되는 다수대표제와 득표수에 비례해 선출하는 비례대표제가 있습니다. 선거구는 선거인단을 분할하는 지역단위로서 지역구와 전국구로 나뉩니다. 대표제와 선거구는 보통·평등·직접·비밀·자유선거를 실현할 수 있어야 합니다.

인간이 양심에 따라 살기 위해서는 우선 양심이 존재해야 합니다. 양심이 없다면 양심대로 살 수도 없겠지요. 양심은 내 안에서 나를 앞에 세울 때 비로소 드러납니다. 나의 고유한 양심을 발견하기 전에는 타인의 양심이나 사회관습을 양심으로 착각하기 쉽습니다. 대개 어떤 지위로부터 비롯되는 '마땅히 그러함'을 내면에 체화해 당연한 나의 양심으로 수용하기도 합니다. 나는 언젠가 있었을지도 모를 나의 양심을 지금도 하염없이 기다립니다.

제47조

1. 국회의 정기회는
법률이 정하는 바에 의하여 매년 1회 집회되며,
국회의 임시회는
대통령 또는 국회재적의원 4분의 1 이상의
요구에 의하여 집회된다.

2. 정기회의 회기는 100일을,
임시회의 회기는 30일을 초과할 수 없다.

3. 대통령이 임시회의 집회를 요구할 때에는
기간과 집회요구의 이유를 명시하여야 한다.

믿음과 의심이 공존하는 세계

국회의 회기는 안건을 처리하기 위해 국회가 회의를 열고 활동하는 기간으로 집회일부터 폐회일까지를 말하며, 정기회와 임시회로 구분됩니다. 한편 입법기는 국회의원이 선출되어 국회를 구성한 때부터 4년의 임기가 만료되기까지의 기간이며, 회기는 입법기 중 실제로 국회가 열리는 기간을 말합니다. 헌법은 국회가 회기에 집중적으로 안건을 처리할 수 있도록 정기회 회기는 100일, 임시회 회기는 30일을 초과할 수 없다고 규정합니다.

정기회는 매년 1회 집회되며, 국회법은 9월 1일 집회하도록 규정합니다. 정기회에서는 다음 연도의 예산안을 처리하고, 상임위원회별로 20일간 국정감사를 실시합니다. 한편 임시회는 대통령 또는 국회재적의원 4분의 1 이상의 요구에 의해 집회되는데, 대통령이 임시회의 집회를 요구할 때에는 국회의 자율권을 존중해 그 기간과 집회요구의 이유를 명시해야 합니다. 국회법은 매년 2월·3월·4월·5월·6월의 1일과 8월 16일에 30일 회기의 임시회를 집회하도록 규정합니다.

국회는 다양한 이해관계를 조정해 단일한 의사를 도출하는 합의기관이므로 회의에서는 민주주의를 적용해야 합니다. 민주주의는 옳고 그름에 대해 상대주의에 기초해 판단하며 소통하고 합의하는 절차를 투명하게 공개합니다. 다만 공적 사안이 아닌 사적 사안에 대해서는 개인의 결정을 존중하면 충분합니다. 사적 영역에서 민주주의를 적용하면 다수의 폭력을 정당화하는 전체주의로 귀결될 위험이 있습니다.

존재는 부재로 증명되고, 삶은 죽음으로 확인됩니다. 나는 부재로 존재하고, 죽음을 살아갑니다. 매일 조금씩 죽어가고 있기 때문입니다. 믿음과 의심도 이율배반적으로 공존합니다. 믿는다고 의심이 없어지지 않으며 의심한다고 믿음이 사라지는 것도 아닙니다. 나는 죽음을 생각하며 살아가고, 세계에 대해 의심을 품는 동시에 믿습니다. 모든 것은 자기파괴의 씨앗을 안고 태어납니다. 나는 시간의 힘을 빌려 생멸의 순간을 축적하며 그저 삶을 견딜 뿐입니다.

제48조

국회는 의장 1인과 부의장 2인을 선출한다.

선한 것을 믿고 의지하는 힘

국회는 의장 1인과 부의장 2인을 선출합니다. 국회의장에게는 국회를 대표하고 의사를 정리하며 질서를 유지하고 사무를 감독하는 권한이 있습니다. 의장에게 사고가 난 경우에는 의장이 지정하는 부의장이 직무를 대리합니다. 국회는 자율적으로 무기명 투표를 통해 재적의원 과반수의 동의를 얻어 의장과 부의장을 선출합니다. 임기는 2년이며 국무총리나 국무위원을 겸할 수 없고, 회기 중에는 국회의 동의를 받아야 사임할 수 있습니다.

헌법은 의장과 부의장에 대해서만 규정하지만, 국회법은 국회의 조직에 대해 자세하게 규정합니다. 의장은 국회를 대표해 중립적으로 국회를 운영해야 하므로 당적을 가질 수 없습니다. 또한 본회의에서는 표결에 참가할 수 있지만, 위원회에서는 출석해 발언할 수만 있고 표결에는 참가할 수 없습니다. 국회는 합의기관이므로 본회의에서 의안을 심사하고 결정합니다. 하지만 전문분야별로 상임위원회를 구성해 의안을 미리 심사하도록 하니 실질적으로 위원회를 중심으로 움직입니다.

국회는 정부조직에 대응해 총 17개의 상임위원회를 둡니다. 예산결산특별위원회는 상설적으로, 인사청문특별위원회 등은 비상설적으로 운영합니다. 또한 국회는 국회의원 전원으로 구성되는 전원위원회와 다수 위원회의 회의체인 연석회의를 둘 수 있습니다. 한편 20인 이상의 소속의원을 가진 정당은 교섭단체를 구성할 수 있습니다. 교섭단체는 위원회와 달리 헌법기관이 아니라 국회의 내부적 조직에 불과하므로, 교섭단체의 의결은 국회는 물론 국회의원을 법적으로 구속하지 않습니다.

국회의원과 국민은 신임을 매개로 관계를 맺습니다. 국민은 국회의원을 대표로 선출해 믿고 일을 맡기지요. 하지만 인간은 본질적으로 믿을 수 없는 존재입니다. 누군가 타인을 믿는 것은 미덕이 될 수 있지만 믿지 못하는 것을 비난해서는 안 됩니다. 또한 타인의 잘못을 용서하지 못하는 사람을 욕해서도 안 됩니다. 나아가 악을 미워할 수 있지만 선이 아니라고 배척해서는 안 됩니다. 우리는 그저 선한 것을 칭송하고 감사하며 살아갈 뿐입니다.

제49조

국회는 헌법 또는 법률에 특별한 규정이 없는 한
재적의원 과반수의 출석과
출석의원 과반수의 찬성으로 의결한다.
가부동수인 때에는 부결된 것으로 본다.

다수결의 함정

국회는 어떻게 의사를 결정할까요? 국회의 정족수는 회의가 성립하는 데 필요한 '의사정족수'와 의결에 필요한 '의결정족수'로 구분합니다. 헌법은 원칙적으로 재적의원 과반수의 출석과 출석의원 과반수의 찬성으로 의결하고, 가부 동수인 경우는 부결로 봅니다. 의사정족수는 재적의원 5분의 1 이상으로 법률로 규정되어 있습니다. 국회는 합의기관이므로 민주적 절차에 따라 다수결을 적용해 다양한 이해관계를 단일 의사로 도출해야 합니다.

특별한 경우 헌법은 더 많은 의결정족수를 요구하기도 합니다. 뒤에서 자세히 살펴보겠지만 국무총리와 국무위원 등의 해임건의와 탄핵소추에는 재적의원 3분의 1 이상의 발의와 재적의원 과반수의 찬성이 필요하고, 대통령에 대한 탄핵소추에는 재적의원 과반수의 발의와 3분의 2 이상의 찬성이 필요합니다. 또한 대통령이 재의를 요구한 법률안을 확정하기 위해서는 재적의원 과반수의 출석과 출석의원 3분의 2 이상의 찬성이, 헌법개정을 위해서는 재적의원 3분의 2 이상의 찬성이 필요합니다.

민주주의는 국민이 주권자인 동시에 피통치자이기에 자기지배를 실현합니다. 주권자의 자기지배가 정당하려면 자유롭고 평등하게 의사결정에 참여할 수 있어야 합니다. 여기서 만장일치는 현실적으로 불가능하며 바람직하지도 않습니다. 유대인은 의사결정에서 만장일치가 나온다면 그 의견을 채택하지 않았다고 합니다. 집단의식을 자신의 판단으로 착각해 오류를 범할 위험이 있기 때문이지요. 결국 다수결도 완벽하지는 못하다는 뜻입니다.

민주주의 사회에서는 다수의 뜻을 국가의사로 간주해 소수가 따르게 합니다. 즉 다수결은 소수에게 다수의 의견을 강요하므로 폭력적인 속성을 지닙니다. 절차상 정당화될 뿐 그 결정이 늘 옳음을 담보하지는 않는 것입니다. 다수결로 옳은 결정을 하기 위해서는 의사결정에 참여하는 사람들이 자유롭고 평등하고 진솔하게 소통해야 합니다. 소통을 매개하는 언어는 모두에게 동일한 의미로 사용되어야 하고, 상대방의 의사를 수용할 여지도 지녀야 합니다.

제50조

1. 국회의 회의는 공개한다.
다만, 출석의원 과반수의 찬성이 있거나
의장이 국가의 안전보장을 위하여 필요하다고 인정할 때에는
공개하지 아니할 수 있다.

2. 공개하지 아니한 회의내용의 공표에 관하여는
법률이 정하는 바에 의한다.

국회 회의 공개의 원칙

국회의 회의는 국민에게 공개해야 합니다. 의사결정의 과정과 내용을 투명하게 알려 민주적 정당성을 확보하고 국민이 의정활동을 감시하게 하기 위해서입니다. 국민은 알 권리에 기반해 국회 회의를 방청할 수 있으며 언론은 생방송 등으로 회의 내용을 보도할 수 있습니다. 다만, 출석의원 과반수의 찬성이 있거나 의장이 국가의 안전보장을 위해 필요하다고 인정한 때에는 회의를 공개하지 않을 수 있습니다.

헌법은 국회와 위원회를 구분하고 국회의 회의에 대해서만 공개할 것을 규정하지만 위원회의 회의를 제외할 이유가 없습니다. 따라서 국회법은 본회의·위원회·소위원회·청문회에 대해서도 공개를 원칙으로 규정합니다. 다만 국회는 회의를 공개할 것인지를 자율적으로 결정할 수 있습니다. 국회의 회의록은 국회의원에게 배부하고, 국민들에게 배포하며, 공개하지 않는 회의의 내용은 공표하지 않습니다.

국회의 회의를 공개하는 것은 단순히 국민의 신뢰를 얻기 위한 것이 아닙니다. 국민은 국회의 권한행사와 활동을 감시하고 책임을 물을 수 있어야 합니다. 국회가 스스로 제정한 법률을 위반해 민주적 절차를 어기는 것이 일상사가 되었습니다. 하지만 나는 화를 내거나 욕하지 않습니다. 오래전에 정치인에 대한 기대가 사라졌기 때문입니다. 헌법재판소는 국회가 민주적 절차를 위반한 것이 위법하더라도 그로 인해 가결된 법률은 유효하다고 결정한 적이 있습니다. 이는 시정되어야 합니다.

국회가 회의를 공개한다고 해서 보이는 것만으로 판단하면 안 됩니다. 인간은 자기가 감각한 것을 세계의 전부라고 인식하기 쉽지만 인식은 믿을 수 없습니다. 너무 빛나서 우리 눈에 보이지 않는 것도 있기 때문입니다. 빛이 오는 것은 어둠이 가장 먼저 알고, 어둠이 오는 것은 빛이 가장 늦게 아는 법이지요. 이해하지 못한 것을 억지로 이해하려고 하면 오해하게 됩니다. 누구나 자기만의 세계를 가지므로 해석이 중요합니다. 새로운 세계는 새로운 해석을 통해서만 열립니다.

제51조

국회에 제출된 법률안 기타의 의안은
회기 중에 의결되지 못한 이유로 폐기되지 아니한다.
다만, 국회의원의 임기가 만료된 때에는
그러하지 아니하다.

처리되지 못한 법률안은 어디로 가는가

국회에 제출된 법률안과 기타 의안은 회기 중에 의결되지 못했다고 폐기되지 않습니다. 이를 '회기계속의 원칙'이라고 하지요. 국회가 회기 중에 특정 의안을 의결하지 못한 경우라도 의안은 폐기되지 않고 다음 회기에 연이어 심사할 수 있습니다. 국회의원의 임기가 지속되는 동안에는 회기가 달라지더라도 국회의 구성원이 동일하므로 회의 진행과 의안 심사의 효율성을 위해 회기계속의 원칙을 적용합니다.

다만 회기계속의 원칙은 동일한 입법기에만 적용됩니다. 즉, 국회의원의 임기가 만료되면 국회에 제출되었다가 처리되지 못한 의안은 폐기됩니다. 의사 처리의 효율성보다 국회의 동일성을 우선적으로 고려하기 때문입니다. 국회의 입법기가 종료될 즈음 선거를 통해 새로운 국회의원이 선출되어 새로 국회가 구성되면 그 국회는 이전 입법기에 제출된 의안에 구속되지 않습니다. 전과 같은 의안이라도 새 국회에 다시 제출되어야 심사할 수 있습니다.

회기계속의 원칙은 헌법이론적으로 반드시 채택해야 하는 것이 아니라 정책적 관점에서 채택할 수 있습니다. 제21대 국회에서는 제정이나 개정으로 발의된 법률안이 약 2만 4,000건인데, 그중 약 1,600건이 가결되었고, 입법기의 경과로 자동폐기된 법률안은 약 1만 6,300건이었습니다. 만약 회기불계속의 원칙을 채택했다면 자동폐기된 법률안은 더욱 많았을 것입니다.

국회의원은 자유위임에 따라 4년의 임기를 보장받고 직무활동에 대해 정치적 책임을 질 뿐 법적 책임은 지지 않습니다. 하지만 국회의원이 헌법과 법률을 위반한 경우 법적 책임도 물을 수 있어야 합니다. 최근 국민의 뜻에 따라 국회의원을 소환하는 제도를 도입하자는 주장이 종종 제기됩니다. 그러나 우리나라 헌법에는 국회를 해산하거나 국회의원을 소환할 근거가 없습니다. 국회가 국민의 뜻에 따라 국회의원을 소환하는 법률을 제정하더라도 위헌이 될 수 있습니다.

제52조

국회의원과 정부는 법률안을 제출할 수 있다.

다수의 존중과 소수의 승복

법률안은 누가 제출할 수 있을까요? 국회에 입법권이 있으므로 국회의원이 법률안을 제출할 수 있습니다. 10인 이상의 찬성이나 위원회를 통해 법률안을 제출합니다. 한편 헌법은 정부가 법률을 집행한다는 점을 고려해 정부에게도 법률안제출권을 부여합니다. 정부는 초안 작성, 관계부처 협의와 당정 협의, 입법예고, 정부 규제개혁위원회의 심의를 거쳐 법률안을 확정하고 법제처 심사, 차관회의, 국무회의, 대통령 결재를 거쳐 국회에 제출합니다.

국회에게 입법권이 있다는 것이 국회가 입법과정을 독점하고 다른 국가기관의 참여를 배제한다는 뜻은 아닙니다. 정부도 법률안을 제출할 수 있고, 대통령은 국회에서 의결된 법안에 대해 재논의를 요구하는 재의요구권(법률안거부권)과 법안을 발표할 법률안공포권을 가집니다. 또한 정부는 행정명령을 통해서, 대법원과 헌법재판소는 규칙제정권을 통해서 실질적으로 입법권을 행사할 수도 있습니다. 제21대 국회에서 가결된 법률 약 1,600건 중 약 200건은 정부가 제출한 것이었지요.

국회는 입법권에 바탕해 법률을 제정하고, 국민주권을 실현합니다. 헌법은 국회에 입법권을, 정부에는 행정권을, 법원에는 사법권을 부여해 권력분립을 실현하지요. 국회는 입법형성권을 가지므로 어떤 법률을 제정할 것인지, 언제 어떠한 내용으로 제정할 것인지를 재량으로 결정할 수 있습니다. 다만 국회의 입법권은 헌법에 의해 부여된 것이므로 헌법을 위반해서는 안 되고, 헌법적 가치를 실현해야 합니다.

다수결은 소수의 의사를 존중하는 것을 전제로 합니다. 이는 다수결의 결정에 부분적으로 소수의 뜻을 반영한다는 의미가 아닙니다. 그런 식으로는 다수와 소수를 구조화시켜 다수의 폭력적 지배를 영속화시킵니다. 소수의 의사를 존중한다는 것은 소수가 다수가 될 수 있도록 가능성을 열어둔다는 것입니다. 어떤 사안에서는 소수가 다수가 될 수 있고, 반대로 다수가 소수가 될 수도 있어야 합니다. 그래야 다수가 소수의 의사를 존중하게 되고, 소수도 다수에 승복할 수 있습니다.

제53조

1. 국회에서 의결된 법률안은 정부에 이송되어
15일 이내에 대통령이 공포한다.

2. 법률안에 이의가 있을 때에는 대통령은 제1항의 기간내에
이의서를 붙여 국회로 환부하고, 그 재의를 요구할 수 있다.
국회의 폐회 중에도 또한 같다.

3. 대통령은 법률안의 일부에 대하여
또는 법률안을 수정하여 재의를 요구할 수 없다.

4. 재의의 요구가 있을 때에는 국회는 재의에 붙이고,
재적의원 과반수의 출석과 출석의원 3분의 2 이상의 찬성으로
전과 같은 의결을 하면 그 법률안은 법률로서 확정된다.

5. 대통령이 제1항의 기간 내에 공포나 재의의 요구를
하지 아니한 때에도 그 법률안은 법률로서 확정된다.

6. 대통령은 제4항과 제5항의 규정에 의하여
확정된 법률을 지체없이 공포하여야 한다.
제5항에 의하여 법률이 확정된 후
또는 제4항에 의한 확정법률이 정부에 이송된 후 5일 이내에
대통령이 공포하지 아니할 때에는 국회의장이 이를 공포한다.

7. 법률은 특별한 규정이 없는 한
공포한 날로부터 20일을 경과함으로써 효력을 발생한다.

입법절차는 조정과 설득의 과정

법률안이 제출되면 국회의장은 이를 본회의에 보고한 후 소관 상임위원회에 회부합니다. 상임위는 법률안을 심사해 원안을 의결하거나 부결할 수 있고, 수정안이나 대안을 제시해 의결할 수도 있습니다. 상임위 심사를 거친 법률안은 법제사법위원회에서 관련 법과 충돌하지 않는지와 문구가 적정한지를 검토하는 체계·자구심사를 거칩니다. 이때 상임위가 가결한 법률안의 내용을 심사·변경할 수는 없습니다. 이후 본회의에 회부된 법률안은 원칙적으로 전자투표를 통해 표결합니다.

국회에서 의결된 법률안은 정부로 이송합니다. 대통령은 15일 이내에 법안에 서명하고 공포해야 하며, 법률안에 대해 이의가 있을 때는 이의서를 붙여 국회로 환부해 재의를 요구할 수 있습니다. 다만 법률안이나 그 일부에 대해 수정해 재의를 요구할 수는 없습니다. 대통령이 재의를 요구해도 국회에서 재적의원 과반수의 출석과 출석의원 3분의 2 이상의 찬성으로 재의결하면 그 법률안은 법률로 확정됩니다.

대통령이 법률안이 이송된 날부터 15일 이내에 공포나 재의 요구를 하지 않은 경우에도 법률안은 확정됩니다. 대통령이 공포하지도, 재의를 요구하지도 않은 상태로 국회의원의 임기가 만료되면 그 법률안은 폐기됩니다. 대통령은 확정된 법률을 지체 없이 공포해야 합니다. 법률이 확정되거나 국회가 재의한 법안이 정부에 이송된 후 5일 이내에 대통령이 공포하지 않으면 국회의장이 공포합니다. 법률은 관보에 게재하며 특별한 규정이 없는 한 공포한 날에서 20일 후부터 효력이 발생합니다.

대통령의 재의요구권은 국민의 대표인 국회와 대통령이 의사를 조정하는 수단입니다. 정치는 특정 의사를 선택하는 것이 아니라 다양한 의사를 조정해 하나로 도출하는 과정입니다. 인간이 관계를 맺는다는 것은 서로를 지배하고 서로에게 길들여지는 과정이지요. 이때 자기를 절제할 수 있는 사람만이 타인을 설득할 수 있습니다. 나는 설득되고 싶지만 설득되지 않을 때가 많습니다. 때로 나는 완고해 스스로를 설득하지 못하기도 합니다.

제54조

1. 국회는 국가의 예산안을 심의·확정한다.

2. 정부는 회계연도마다 예산안을 편성하여
회계연도 개시 90일 전까지 국회에 제출하고,
국회는 회계연도 개시 30일 전까지 이를 의결하여야 한다.

3. 새로운 회계연도가 개시될 때까지 예산안이 의결되지
못한 때에는 정부는 국회에서 예산안이 의결될 때까지
다음의 목적을 위한 경비는 전년도 예산에 준하여 집행할 수 있다.

① 헌법이나 법률에 의하여 설치된 기관 또는 시설의 유지·운영
② 법률상 지출의무의 이행
③ 이미 예산으로 승인된 사업의 계속

돈은 벌기보다 쓰는 것이 중요하다

예산이란 회계연도 기준으로 세입과 세출을 예상한 계산서를 말하며, 국가는 예산을 통해 재정의 수입과 지출을 계획합니다. 국가 예산안은 국회에서 심의하고 확정합니다. 정부는 예산안을 편성해 회계연도 개시 90일 전까지 국회에 제출해야 하고 국회는 회계연도 개시 30일 전까지 의결해야 합니다. 국회가 기간을 경과해 예산안을 의결하는 경우가 많은데, 엄연히 따지면 헌법을 위반한 것이지만 그 의결은 유효한 것으로 평가됩니다.

국회에서 새로운 회계연도 개시 때까지 예산안을 의결하지 못하는 경우, 정부는 헌법이나 법률에 의해 설치된 기관 또는 시설의 유지와 운영, 법률상 지출 의무의 이행, 이미 예산으로 승인된 사업의 계속을 위해 필요한 경비를 전년 예산에 준해 집행할 수 있습니다. 국회에서 예산안을 의결하지 못하는 예외적인 상황에 국정이 마비되는 것을 방지하기 위해 임시적으로 인정하는 것입니다. 그러나 임시예산이 정상적인 예산을 대체할 수는 없습니다.

헌법은 예산에 대해서도 권력분립에 따라 견제와 균형을 유지합니다. 예산안은 정부가 편성하고 국회가 심의·확정한 후, 정부가 집행하며 국회가 결산심사권을 통해 통제합니다. 국가의 회계연도는 매년 1월 1일에 시작해 12월 31일에 종료되고(1년예산주의), 각 회계연도의 경비는 그 연도의 세입으로 충당해야 하며(회계연도의 독립), 한 회계연도의 모든 세입과 세출은 단일한 예산으로 편성해야 합니다(예산총계주의).

예산은 국민의 세금을 재원으로 하기에 국가는 집행에 신중을 기해야 합니다. "개같이 벌어서 정승같이 쓰라"라는 말은 진정한 돈의 가치는 어떻게 쓰는지에 달려 있다는 뜻입니다. 즉 돈은 그 자체가 목적이 아닌 수단에 불과합니다. 돈에 대한 욕심을 내려놓을 때 진정한 부자가 될 수 있습니다. 나는 필요한 곳, 유익한 곳, 즐거운 곳의 순서로 돈을 쓰려고 노력합니다. 또한 채권자와 채무자는 돈을 매개로 서로에게 종속되기 쉬우므로, 자유인이고 싶은 나는 가급적 돈거래를 하지 않으려고 합니다.

제55조

1. 한 회계연도를 넘어 계속하여 지출할 필요가 있을 때에는
정부는 연한을 정하여
계속비로서 국회의 의결을 얻어야 한다.

2. 예비비는 총액으로 국회의 의결을 얻어야 한다.
예비비의 지출은 차기국회의 승인을 얻어야 한다.

계속비와 예비비가 필요한 이유

정부는 수년에 걸쳐 집행할 장기적 사업예산을 어떻게 마련할까요? 한 회계연도를 넘어 계속해서 지출해야 하는 계속비는 연한을 정해 국회의 의결을 얻어야 합니다. 계속비는 1년예산주의에서 벗어나는 예외적 상황으로, 그 경비의 총액과 연도별 이행예정금액인 연부액을 미리 정해 국회의 의결을 얻은 범위에서 지출할 수 있습니다. 국가재정법은 계속비의 지출연한을 원칙적으로 5년 이내로 정하고, 국회의 의결을 거쳐 지출연한을 연장할 수 있도록 합니다.

정부는 예산에 예비비를 포함시킬 수도 있습니다. 예비비는 예측할 수 없는 사안이 발생했을 때 필요한 지출이나 예산초과지출을 대비한 것입니다. 국회는 예비비의 지출용도를 예상할 수 없고 비용항목을 명시할 수도 없기에 예산총액의 100분의 1 이내로 편성합니다. 정부는 그 구체적인 목적과 용도를 재량으로 결정해 집행할 수 있습니다. 하지만 그 지출에 대해서는 차기국회의 승인을 받아야 합니다.

예산은 수입과 지출로 구분되는데, 규범적으로 지출이 수입보다 중요합니다. 수입은 세입에 대한 단순한 예상치인데 반해 지출은 국가기관을 엄격하게 구속하기 때문입니다. 즉, 국가기관은 예산을 목적 이외에 사용할 수 없고, 국가기관이나 항목 사이에 예산을 마음대로 이동·이체할 수 없습니다. 예산은 정부가 예산안을 편성해 제출하면 상임위원회가 예비심사를 하고, 예산결산특별위원회가 종합심사를 한 뒤 본회의에서 의결로 정해집니다.

헌법이 계속비와 예비비를 규정하는 것은 미래를 대비하기 위해서입니다. 그러나 시간을 과거, 현재, 미래로 구분하기는 매우 어렵습니다. 과거는 미래의 거울이고, 미래는 과거의 그림자이기 때문입니다. 여기서 과거만 확실하고 현재는 그저 존재하며 미래는 기대의 영역입니다. 인간은 시간에 지배되며 결코 벗어날 수 없기에 과거와 미래를 현재화해 매일을 살아갈 뿐이지요. 인간의 삶은 오래된 본류와 새로운 지류가 섞여 흐르는 강물과 같습니다. 나는 기억이나 기대가 아닌 '지금, 여기'에서 세상을 만나려고 노력합니다.

제56조

정부는 예산에 변경을 가할 필요가 있을 때에는
추가경정예산안을 편성하여 국회에 제출할 수 있다.

법률과 예산 그 사이 괴리

정부는 예산에 변경이 필요하다면 추가경정예산안을 편성해 국회에 제출할 수 있습니다. 다만 예산을 편성해 집행하고 있는 상황에서 전쟁, 자연재해, 경기침체 등으로 긴급히 예산을 마련해야 하는 특별한 경우에만 허용됩니다. 추가경정예산도 예산과 동일한 방법으로 국회 심의를 거쳐 확정되고 일반적인 예산과 같은 효력을 지닙니다.

대한민국은 예산을 법률과 구별하는 예산비법률주의를 채택합니다. 법률 형식으로 예산을 편성하는 미국·독일·프랑스·영국의 예산법률주의와 다릅니다. 예산안은 정부에서만 제출할 수 있고, 대통령은 재의를 요구할 수 없으며, 국회의 의결로 확정된 순간부터 효력이 발생합니다. 또한 국가기관뿐만 아니라 국민에게도 법적 효력이 있는 예산법률주의와 달리 회계연도에 한해 국가기관만 구속합니다.

예산은 재정에 대해 예상해 작성한 계산서이므로 아무리 심혈을 기울여 편성해도 현실과 일치하지 않는 경우가 발생합니다. 또한 국회에 의해 심의·확정되지만 독립적인 규범이기에 법률과 모순될 때도 있습니다. 따라서 예산은 사후적으로 조정할 필요가 있습니다. 헌법은 예산을 현실과 일치시키기 위해 예비비와 추가경정예산을 규정하고, 국회는 법률과의 모순을 줄이기 위해 예산상 조치를 수반하는 법률안에 대해 비용추계서를 제출하도록 하거나 법률을 개정하기도 합니다.

미래는 정확히 예측하기 어렵습니다. 때문에 과거에 집착해 추억으로 사는 사람도 있고, 미래에 의지해 허상으로 사는 사람도 있습니다. 안타까운 사실은 '지금, 여기'의 현재도 믿을 수 없다는 것입니다. 나에게 익숙하고 당연하게 여겨지는 것도 언제든지 바뀔 수 있지요. "진인사대천명盡人事待天命"이라는 말은 내 몫에 최선을 다하고, 내 몫이 아닌 것은 숙명으로 받아들이라는 뜻입니다. 시간에는 나의 몫인 부분이 있고 그렇지 않은 부분도 있음을 우리는 받아들여야 합니다. 우리에게 내일來日은 오지 않을 날일 수도 있기 때문입니다.

제57조

국회는 정부의 동의 없이 정부가 제출한 지출예산
각항의 금액을 증가하거나 새 비목을 설치할 수 없다.

중요한 결정을 하기 전에 돌아봐야 할 것

국회는 정부가 제출한 예산안을 최종적으로 심의·확정하는데, 이 과정에서 예산의 항목을 삭제하거나 금액을 삭감할 수 있습니다. 하지만 정부가 제출한 지출예산 각항의 금액을 증가하거나 새 비목을 설치할 경우에는 반드시 정부의 동의를 얻어야 합니다. 이는 예산을 편성하고 실제로 집행하는 정부의 의견을 존중하기 위한 것이며, 국회가 정부의 의사와 무관하게 지출예산을 확정하면 정부의 권한을 침해한 것이 되기 때문입니다.

감사원은 국가의 세입과 세출의 결산을 검사하고, 국회는 감사원의 검사보고서에 대해 예산안과 동일한 방법으로 심사합니다. 다시 말해 정부가 국가결산보고서를 제출하고, 상임위원회의 예비심사를 거쳐, 예산결산특별위원회의 심사와 본회의의 의결 순서로 진행됩니다. 이때 국회는 결산심사를 부결할 수 있지만, 이는 정부에게 정치적 책임을 추궁하는 것에 불과하고 정부가 이미 집행한 예산과 그 효력에는 아무런 영향을 미치지 않습니다.

국가의 재정건전성을 위해 예산의 수립과 사후 집행내역 감시는 모두 중요합니다. 그러나 국회는 회계연도 개시 30일 전까지 예산안을 의결해야 함에도 상시적으로 그 기간을 경과하고 있습니다. 또한 대통령에 소속된 감사원이 정부가 집행한 세입·세출의 결산을 검사하는 것은 현실적으로 권력분립에 부합하지 않고, 결산검사의 실효성도 적다는 비판이 있습니다. 뿐만 아니라 국회도 결산심사권을 형식적으로만 행사하고 시정조치나 제재와 같은 사후적 통제를 제대로 하지 못하고 있다고 평가됩니다.

국회가 예산안을 확정하기 위해서는 우선 나라 안팎의 사정을 제대로 파악해야 합니다. 중국의 고전 『대학』에 나온 "수신제가 치국평천하修身齊家治國平天下"라는 구절은 너무나도 유명하지만, 정작 중요한 것은 그 앞의 "격물치지 성의정심格物致知誠意正心"입니다. 먼저 '사물의 이치를 깨닫고 마음을 바르게 한' 뒤 나를 닦아야 합니다. 그 이후에야 가족, 국가, 세계를 경영할 수 있습니다. 그리하여 나는 격물格物 할 때면 나에게 솔직할 용기 '파르헤지아Parrhesia'를 지니고 있는지 돌아보곤 합니다.

제58조

국채를 모집하거나
예산 외에 국가의 부담이 될 계약을 체결하려 할 때에는
정부는 미리 국회의 의결을 얻어야 한다.

국가의 다양한 페르소나

국회는 예산 이외에도 정부의 재정에 대해 일정한 범위에서 동의권을 가집니다. 국채를 모집하거나 예산 외에 국가의 부담이 될 계약을 체결하려 할 때, 정부는 미리 국회의 의결을 얻어야 합니다. 국채는 국가의 세입부족을 보충하기 위한 채무로, 나중에 채권자에게 원금과 이자를 상환해야 하기에 다음 회계연도의 예산에 재정적 부담을 줄 수 있기 때문이지요. 또한 국가의 부담이 될 계약도 마찬가지로 국회가 미리 의결해 동의해야 합니다.

국가의 재정은 공공수요를 충당하기 위해 필요한 재원을 조달하고, 재산을 관리·운용·처분하는 활동을 일컫습니다. 이는 공익을 실현하기 위한 재원을 마련하는 것이고, 공적 재화는 공정하게 배분해야 하므로 헌법에 의해 규율되어야 합니다. 국가의 재정은 정부의 행정행위에 속하지만, 재정이 민주적이고 공정하게 이루어지려면 국회의 통제가 필요한 것입니다. 정부는 재정정책을 수립·집행하고, 국회는 이를 통제함으로써 권력분립을 실현합니다.

국민의 대표인 국회의 동의 없이는 과세할 수 없다는 뜻의 "대표 없이 조세 없다"라는 시민혁명의 구호가 있습니다. 이는 국회의 재정에 관한 통제권이 정부의 세금 징수에서 시작되었다는 것을 보여줍니다. 이어서 국회는 예산에 대한 지출승인권과 예산안의 심의·확정권으로 권한을 넓혀나갔습니다. 현대국가에서는 재정의 규모와 수요가 확장되어 정부의 역할이 중요해졌기에 국회의 통제권도 더욱 강조되고 있습니다.

국가는 다양한 국가기관으로 모습을 바꿔 권한을 행사합니다. 그리고 국가기관이 자신의 역할을 제대로 수행할 때 국가는 건강해집니다. 인간도 마찬가지입니다. 나는 타인과 관계 맺으면서 다양한 모습으로 역할을 수행하며 살아갑니다. 나는 낯선 타인을 만나면서 나를 재확인합니다. 나는 남편, 아버지, 교수, 친구라는 페르소나를 가지고 그 관계망에 얽혀 살아갑니다. 나의 페르소나를 제대로 연기할 때 나의 민낯도 건강해질 수 있습니다.

제59조

조세의 종목과 세율은 법률로 정한다.

위법, 불법, 탈법의 의미와 차이

헌법은 조세의 종목과 세율을 법률로 정하도록 규정해 조세법률주의를 선언합니다. 국가의 수입은 원칙적으로 조세법률주의와 납세의무에 따라서만 조달합니다. 조세란 국가나 지방자치단체가 재원조달을 목적으로 반대급부 없이, 일반 국민에게 강제적으로 부과하는 금전입니다. 헌법은 '조세의 종목과 세율'만 규정하지만 납세의무자, 과세물건·표준·기간과 같은 과세요건과 징수절차도 법률로 규정해야 합니다.

공정한 과세는 개인의 경제력에 기초해야 합니다. 조세를 감당하도록 최저 생계에 필요한 경비는 과세에서 제외합니다. 또한 개인의 담세능력은 소득과 수익을 포함한 실질적 기준으로 판단해야 합니다. 이때 담세능력에 비례적으로 과세할 것인지, 누진적으로 과세할 것인지는 국회가 결정합니다. 과세는 형식적으로는 법률에 근거해야 하고, 내용적으로는 공정해야 하며, 절차적으로는 효율적이고 정확하게 집행되어야 합니다.

현대국가에서 조세는 재원을 조달할 뿐만 아니라 경제정책·주택정책과 같이 특정한 목적을 위해서도 사용됩니다. 국가는 공익사업을 진행할 때 조세저항을 회피하고자 각종 기금이나 특별회계의 유혹을 받습니다. 조세는 조세법률주의에 따라 국회의 통제를 받지만, 기금이나 특별회계에 편입된 부담금은 국회의 통제를 벗어나기 때문입니다. 그러나 이는 재정의 투명성을 약화시키고 비효율성을 증대하므로 예외적인 경우에만 허용됩니다.

국가는 스스로 제정한 법률을 준수해야 하고, 불법이나 위법은 물론 탈법행위를 해서도 안 됩니다. 여기서 불법과 위법은 모두 법에 어긋난 것이라는 점에서 같지만, 민법과 형법에서는 서로 다른 개념으로 사용합니다. 민법에서는 법을 위반한 것이 위법이며, 그중에서 고의나 과실로 손해를 입힌 것을 불법이라고 합니다. 형법에서는 법 질서의 가치를 위반한 것을 위법으로 보며, 불법은 처벌규정을 위반한 행위 자체를 말합니다. 한편 탈법은 실질적으로 법을 위반했으나 형식적으로는 법에 저촉되지 않는 행위를 뜻합니다.

제60조

1. 국회는 상호원조 또는 안전보장에 관한 조약,
중요한 국제조직에 관한 조약, 우호통상항해조약,
주권의 제약에 관한 조약, 강화조약,
국가나 국민에게 중대한 재정적 부담을 지우는 조약
또는 입법사항에 관한 조약의
체결·비준에 대한 동의권을 가진다.

2. 국회는 선전포고, 국군의 외국에의 파견
또는 외국군대의 대한민국 영역 안에서의
주류에 대한 동의권을 가진다.

국회가 조약동의권을 가지는 이유

헌법은 국회에게 국가의 중요한 조약과 군사적 조치에 대한 동의권을 부여합니다. 즉, 국회에게는 상호원조 또는 안전보장에 관한 조약, 중요한 국제조직에 관한 조약, 우호통상항해조약, 주권의 제약에 관한 조약, 강화조약, 국가나 국민에게 중대한 재정적 부담을 지우는 조약 또는 입법사항에 관한 조약의 체결·비준에 대한 동의권이 있습니다. 또한 국회는 선전포고, 국군의 외국에의 파견 또는 외국군대의 대한민국 영역 안에서의 주둔에 대해서도 동의권을 갖습니다.

국회가 이렇게 중요한 조약과 군사적 조치에 대해 동의권을 갖는 이유는 권력분립을 실현하고 대통령의 권한을 민주적으로 통제하기 위해서입니다. 헌법은 대통령에게 조약체결권을 부여하는데 그 조약의 범위에는 제한이 없습니다. 만약 대통령이 권한을 남용해 국가의 중요사항에 대해 외국과 조약을 체결하면 국회의 입법권을 침해할 위험이 있습니다. 때문에 헌법은 국내법과 같은 효력을 갖는 조약을 체결할 때에는 사전에 국회의 동의를 받도록 합니다.

권력분립 이외에도 국회의 동의에는 중요한 의미가 있습니다. 국회의 동의를 받은 조약은 법률과 같은 효력을 갖는 반면, 동의를 받지 못한 조약은 하위법인 행정명령의 효력만 갖기 때문입니다. 그렇지만 국회의 동의를 받아야 하는 조약을 특정하기는 어렵습니다. 특히 '국민에게 중대한 재정적 부담을 지우는 조약'이나 '입법사항에 관한 조약'인지를 사전에 판단하기는 매우 어렵습니다. 따라서 현실적으로 대통령이 일차적으로 판단해 국회에 동의를 요청하고, 국회가 최종적으로 결정하는 것입니다.

대통령과 국회가 올바르게 판단해 좋은 조약만 체결하면 좋겠지만 이는 희망사항에 불과합니다. 불신해야 배반당하지 않는 것처럼 무망해야 절망하지 않기에 나는 무엇에든 기대를 품지 않으려고 합니다. 기대하지 않은 의외의 기쁨은 더욱 크고 의외의 슬픔은 더욱 지독하다고 했습니다. 나는 나의 노력에 대해서도 희망하지 않고 절망絶望하고 멸망滅亡합니다. 모든 희망은 헛된希 것이니 잊어忘 없애야亡 마땅합니다. 나는 희망을 버린다는 것조차 희망하지 않으려 애씁니다.

제61조

1. 국회는 국정을 감사하거나
특정한 국정사안에 대하여 조사할 수 있으며,
이에 필요한 서류의 제출 또는
증인의 출석과 증언이나 의견의 진술을 요구할 수 있다.

2. 국정감사 및 조사에 관한 절차
기타 필요한 사항은 빕률로 정한다.

국정조사에 필요한 것은 좋은 질문

국회는 국정을 감사하거나 특정한 국정사안에 대해 조사할 수 있으며, 이에 필요한 서류의 제출 또는 증인의 출석과 증언이나 의견의 진술을 요구할 수 있습니다. 국정감사권은 국회가 매년 정기적으로 국정의 전반에 대해 감사하는 권한이고, 국정조사권은 특정한 사안에 대해 필요한 때에 조사하는 권한입니다. 국정감사권과 국정조사권은 그 주체, 방법, 절차, 효과에서 유사합니다. 다만 국정감사권은 국정전반에 대한 감사를 기초로 예산안에 관여한다는 것이 국정조사권과 다릅니다.

국회의 국정감사·조사는 감사원의 감사와 어떻게 다를까요? 둘은 중복되는 부분이 있지만 본질적으로는 다릅니다. 국정감사권은 1948년 건국헌법에 도입되어 우리나라의 특유한 제도로 발전했습니다. 외국의 헌법에서는 대부분 인정하지 않는 권한입니다. 감사원의 감사는 대통령에 소속되어 예산집행에 대한 회계검사와 행정기관의 직무감찰을 수행하는 것에만 국한됩니다. 반면 국회의 국정감사·조사는 국가기관 전반에 걸쳐 넓게 진행되기에 차이가 있습니다.

현대국가에서는 행정기능이 강화되어 국회가 정부를 통제할 필요가 커졌습니다. 또한 정당국가에서는 국회의 다수파가 정부를 구성하는 경우가 많기에 국회의 소수파가 국정을 통제하는 것이 중요합니다. 따라서 국회의 국정통제권은 정부를 대상으로 하는 것이 바람직하며, 법원이나 헌법재판소에 대해서는 사법권의 독립을 존중해 신중하게 행사되어야 합니다. 국회는 자율적으로 국정통제권의 내용을 결정할 수 있지만, 국정통제권은 헌법에 따라 행사해야 하며 남용해서는 안 됩니다.

국회가 국정감사권과 국정조사권을 제대로 행사하기 위해서는 좋은 질문을 해야 합니다. 좋은 질문에 나쁜 답변이 돌아올 수는 있지만, 나쁜 질문에서 좋은 답변이 나올 수는 없기 때문입니다. 어리석은 질문에 대한 현명한 답변을 '우문현답愚問賢答'이라고 하지요. 하지만 이는 질문이 잘못되었다는 것을 밝힐 뿐입니다. 만약 질문이 좋다면 정답뿐만 아니라 오답도 유용합니다. 좋은 질문은 사태를 제대로 이해하고 문제와 원인을 정확히 짚어낼 때 나옵니다.

제62조

1. 국무총리·국무위원 또는 정부위원은
국회나 그 위원회에 출석하여 국정처리상황을 보고하거나
의견을 진술하고 질문에 응답할 수 있다.

2. 국회나 그 위원회의 요구가 있을 때에는
국무총리·국무위원 또는 정부위원은 출석·답변하여야 하며,
국무총리 또는 국무위원이 출석요구를 받은 때에는
국무위원 또는 정부위원으로 하여금 출석·답변하게 할 수 있다.

질문과 말의 힘

국회는 국무총리·국무위원에게 본회의나 위원회에 출석해 국정에 대한 질문을 받고 답변할 것을 요청할 수 있습니다. 이 경우 해당인은 출석해 답변해야 합니다. 다만 국무총리나 국무위원이 출석요구를 받은 때에는 국무위원이나 정부위원으로 하여금 출석해 답변하게 할 수 있습니다. 또한 이들은 필요한 경우 국회의 요구가 없어도 본회의나 위원회에 출석해 국정처리상황을 보고하거나 의견을 진술할 수 있습니다.

헌법은 국무총리·국무위원·정부위원의 출석과 답변에 대해서만 규정하고 있습니다. 그렇다면 국회가 대통령에게도 출석을 요구할 수 있을까요? 국회법은 특정 사안에 대해 질문하기 위해 대법원장·헌법재판소장·중앙선거관리위원회 위원장·감사원장 또는 대리인의 출석을 요구할 수 있다고 규정합니다. 다만 대통령의 경우는 다릅니다. 대통령은 국회에 출석해 발언할 권한이 있지만, 국회가 대통령에게 출석과 답변을 요청할 수는 없습니다.

국회의 국정통제권은 정부형태에 따라 다르게 행사됩니다. 정부형태란 일반적으로 국회와 정부의 관계를 중심으로 조직과 권한배분을 결정하는 시스템을 말합니다. 의원내각제에서는 민주적 정당성이 일원화되어 의회가 선출한 내각이 행정권을 행사하므로 의회의 국정통제권이 강력합니다. 그러나 대통령제에서는 민주적 정당성이 이원화되어 대통령이 국회와 독립적으로 행정권을 행사하므로 국회의 국정통제권이 의원내각제보다 약한 편입니다.

정부는 권력분립의 실현을 위해 국회의 국정통제권에 제대로 대답해야 합니다. 육체의 병은 입으로 들어가고, 마음의 병은 입에서 나온다고 했습니다. 인간은 생각한 것을 말로 표현하기도 하지만, 말을 하면서 구체적으로 생각하기도 합니다. 나는 말을 함으로써 스스로 생각을 가두기도 하고, 어떤 때는 말이 스스로 생각하는 것을 느끼기도 합니다. 어떤 말은 아무런 의미가 없지만, 어떤 말은 그 내용보다 더 많은 말을 지니고 있기도 합니다. 말은 입에서만 나오는 것이 아니라 눈이나 몸짓과 같은 다양한 방식으로 나타납니다.

제63조

1. 국회는 국무총리 또는 국무위원의 해임을
대통령에게 건의할 수 있다.

2. 제1항의 해임건의는
국회재적의원 3분의 1 이상의 발의에 의하여
국회재적의원 과반수의 찬성이 있어야 한다.

해임건의권과 내각불신임권의 차이

국회는 국정을 통제하기 위해 대통령에게 국무총리·국무위원의 해임을 건의할 수 있습니다. 이때 재적의원 3분의 1 이상의 발의와 재적의원 과반수의 찬성이 필요합니다. 국무총리·국무위원의 해임을 건의하는 것은 정치적으로 중요한 사안이기에 국회 일반정족수보다 가중한 것이지요. 국회가 해임건의를 할 수 있는 대상은 행정각부의 장이 아니라 국무총리·국무위원뿐입니다. 또한 국무총리의 해임을 건의할 때 반드시 국무위원까지 포함해야 하는 것은 아닙니다.

헌법은 해임건의의 사유에 대해서는 아무런 규정을 두지 않고 있습니다. 따라서 국회는 국무총리·국무위원이 직무수행에 있어 위법을 저지른 경우는 물론 정치적으로 무능한 경우에도 해임건의를 할 수 있습니다. 한편 국회는 해임사유가 있다고 판단하더라도 반드시 해임건의를 해야 할 법적 의무가 있는 것은 아닙니다. 또한 국회가 해임건의를 하더라도 그 자체만으로는 아무런 법적 효과를 발생시키지 않으며, 대통령은 해임건의에 구속되지 않습니다.

국회의 해임건의권은 의원내각제에 뿌리를 두고 있지만, 의원내각제의 내각불신임권과는 다릅니다. 내각불신임권에서는 의회가 내각에 정치적 책임을 물어 구성원 전원을 사퇴하게 할 수 있습니다. 반면 국회의 해임건의권에서는 국회가 대통령에게 국무총리·국무위원의 해임을 건의하고 대통령의 결단에 따라 정치적 책임을 추궁할 수 있을 뿐입니다. 한편 해임건의권은 국무총리·국무위원에 대해서만 정치적 책임을 추궁한 것으로, 국회가 고위공직자에 대해 법적 책임을 묻는 탄핵소추권과도 다릅니다.

권리는 의무를 발생시키고 권한에는 책임이 따릅니다. 책임이란 맡아 해야 하는 임무이자 스스로의 선택에 대해 감당할 몫입니다. 도덕적 인간이라면 권한에 대해 책임을 집니다. 그렇다면 나의 삶은 누가 책임져야 할까요? 인생이 한 편의 연극이라면 내가 감당해야 할 몫은 무엇일까요? 신은 무대를 마련하고 모두의 배역을 정해 대본까지 준 것일까요, 아니면 그저 무대에 던져놓았을 뿐일까요? 나는 배우이자 연출자이자 관객으로서 나의 몫을 다하며 권한을 행사하고 책임을 지려고 합니다.

제64조

1. 국회는 법률에 저촉되지 아니하는 범위 안에서
의사와 내부규율에 관한 규칙을 제정할 수 있다.

2. 국회는 의원의 자격을 심사하며, 의원을 징계할 수 있다.

3. 의원을 제명하려면
국회재적의원 3분의 2 이상의 찬성이 있어야 한다.

4. 제2항과 제3항의 처분에 대하여는 법원에 제소할 수 없다.

자율적 인간이 되기 위한 조건

국회는 국민의 대표기관으로, 조직이나 활동 등 내부사항에 대해 스스로 결정할 자율권이 있습니다. 입법기관으로서 법률을 제정할 수 있을 뿐만 아니라 법률에 저촉되지 않는 범위 내에서 의사와 내부규율에 관한 규칙도 제정할 수 있습니다. 즉 국회는 헌법과 법률에 따른 권한을 행사하는 동시에 스스로 정한 규칙도 지켜야 합니다. 이렇게 내부조직의 운영, 의사절차, 질서유지에 대한 사항을 규범화해 제정한 규칙은 국회 내 소수파를 보호하는 장치가 됩니다.

국회는 국회의원의 자격에 대해서도 자율권이 있습니다. 여기서 자격은 피선거권과 같은 법률적 자격을 가리킬 뿐 국민의 대표로서 실질적인 능력과 자질을 갖추었는지를 포함하는 것이 아닙니다. 국회는 재적의원 3분의 2 이상의 찬성으로 국회의원의 자격박탈을 의결할 수 있습니다. 다만 국회의원의 자격은 국회의 의결에 따라 박탈되는 효력이 발생하므로 그전까지 국회의원의 지위와 활동은 유효합니다.

국회는 국회의원을 자율적으로 징계할 수도 있는데, 국회법은 징계의 종류로 공개회의에서의 경고, 공개회의에서의 사과, 30일 이내의 출석정지, 제명을 규정합니다. 헌법은 국회의원에 대한 자격심사와 징계처분, 제명에 대해서는 법원에 제소할 수 없도록 규정해 사법심사를 인정하지 않습니다. 또한 국회의 자율권은 정상적인 의정활동을 보장하기 위한 것이므로 정파적 목적으로 이용되어서는 안 됩니다.

자율권은 타인의 지배를 받지 않고 스스로 세운 규칙에 따라 규제할 권리입니다. 즉 자율Autonomy은 책임과 절제로 무장된 자유입니다. 자유는 도덕적 인간에 의해서만 자율로 완성되지요. 사랑을 받아본 사람만이 사랑할 수 있고, 용서를 받은 사람만이 용서할 수 있듯이 자율도 학습되는 능력입니다. 자율은 스스로를 규제의 대상으로 만들고 타자화하는 것에서 시작됩니다. 나를 타자화하는 과정에서 나는 자주 성급한 자기확신의 오류에 빠지곤 합니다. 가끔씩은 깨진 거울을 볼 때 내가 보이기도 하니 어느 것도 믿을 수가 없습니다.

제65조

1. 대통령·국무총리·국무위원·행정각부의 장·헌법재판소 재판관·
법관·중앙선거관리위원회 위원·감사원장·감사위원
기타 법률이 정한 공무원이 그 직무집행에 있어서
헌법이나 법률을 위배한 때에는
국회는 탄핵의 소추를 의결할 수 있다.

2. 제1항의 탄핵소추는
국회재적의원 3분의 1 이상의 발의가 있어야 하며,
그 의결은 국회재적의원 과반수의 찬성이 있어야 한다.
다만, 대통령에 대한 탄핵소추는
국회재적의원 과반수의 발의와
국회재적의원 3분의 2 이상의 찬성이 있어야 한다.

3. 탄핵소추의 의결을 받은 자는 탄핵심판이 있을 때까지
그 권한행사가 정지된다.

4. 탄핵결정은 공직으로부터 파면함에 그친다.
그러나, 이에 의하여 민사상이나 형사상의 책임이
면제되지는 아니한다.

탄핵심판의 무거운 의미

국회는 대통령과 같은 고위공직자가 직무상 위법행위를 한 경우 탄핵소추를 하고, 헌법재판소는 탄핵심판을 통해 파면할 수 있습니다. 대통령뿐만 아니라 국무총리·국무위원·행정각부의 장·헌법재판소 재판관·법관·중앙선거관리위원회 위원·감사원장·감사위원 등 법률이 정한 고위공직자에 대한 탄핵소추권도 갖습니다. 이때 국회는 재적의원 3분의 1 이상의 발의와 재적의원 과반수의 찬성으로 탄핵소추를 의결해야 합니다. 다만, 대통령에 대해서는 재적의원 과반수의 발의와 재적의원 3분의 2 이상의 찬성이 있어야 합니다.

대통령은 재직 중에 내란·외환의 죄를 범한 경우가 아니면 형사소추의 대상에서 제외되므로 탄핵에는 중요한 의미가 있습니다. 국회의원은 탄핵소추의 주체일 뿐 대상이 아니지만, 탄핵심판의 주체가 되는 헌법재판관은 그 대상에 포함됩니다. 탄핵사유는 고위공직자가 '직무집행에 있어서' '헌법이나 법률을 위반한 때'입니다. 고위공무원의 직무와 무관한 개인적 일탈이나 단순한 위법행위는 탄핵사유가 되지 않으며, 공직에서 파면할 정도로 중대한 법 위반만이 탄핵사유가 됩니다.

헌법은 탄핵소추는 국회가, 탄핵심판은 헌법재판소가 하도록 합니다. 국회는 민주적 관점에서 소추하고, 헌법재판소는 법치의 관점에서 심판하는 것입니다. 고위공직자가 탄핵소추되면 그 권한행사가 정지되며, 헌법재판소의 결정으로 공직에서 파면됩니다. 탄핵은 정치적 책임을 추궁하는 해임과 달리 법적 책임을 묻는 것이므로 탄핵으로 파면되면 5년 동안 공직에 취임할 수 없습니다. 또한 탄핵결정으로 파면된다고 해서 민사적·형사적 책임이 면제되지는 않습니다.

진실은 사실에서 거짓을 제거할 때 드러납니다. "구관이 명관"이라는 말에는 구관의 악행이 신관의 선행을 담보하지는 않는다는 의미도 있습니다. 우리는 타인의 잘못을 비판함으로써 나의 우월성을 확인하고자 하는 유혹을 경계해야 합니다. 상대방이 잘못했다고 해서 내가 반드시 옳은 것은 아닙니다. 나의 이성이 불완전하다고 해서 감성이 완전하다는 법도 없습니다. 다만 시작이 없는 끝은 있지만 끝이 없는 시작은 없듯이, 거짓을 제거해나가다 보면 우리는 '마침내' 진실을 마주하게 될 것입니다.

"목민관 노릇을 잘하려는 이는 반드시 자애로워야 하며,
자애롭고 싶은 이는 반드시 청렴해야 한다.
청렴하고 싶은 이는 반드시 검약해야 하며,
아끼고 조절해 쓰는 것이 목민관의 으뜸가는 임무다."

다산 정약용

제4장
정부

통솔력과 소통력이
중요한 이유

제4장은 정부에 대해 다룹니다. 제66조부터 제100조까지 35개 조문에 대통령과 행정부의 구성과 운영, 권한에 대해 명시합니다.

'정부'라는 단어는 맥락에 따라 여러 의미로 사용되지만 헌법에서는 입법권을 행사하는 국회와 사법권을 행사하는 법원에 대응해 행정권을 행사하는 '집행부'를 의미합니다.

제4장은 헌법에서 가장 많은 분량을 차지하며 그 내용과 범위가 방대하기에 각 조항을 세부적으로 나누어 규정합니다. 먼저 제1절 대통령과 제2절 행정부로 나누고, 제2절 행정부는 제1관 국무총리와 국무위원, 제2관 국무회의, 제3관 행정각부, 제4관 감사원으로 나누어 관련사항을 규정합니다.

제66조

1. 대통령은 국가의 원수이며, 외국에 대하여 국가를 대표한다.

2. 대통령은 국가의 독립·영토의 보전·국가의 계속성과
헌법을 수호할 책무를 진다.

3. 대통령은 조국의 평화적 통일을 위한 성실한 의무를 진다.

4. 행정권은 대통령을 수반으로 하는 정부에 속한다.

대통령은 대한민국의 얼굴이다

헌법은 대통령제를 원칙으로 채택해 국민이 직접선거를 통해 대통령을 선출하도록 합니다. 대통령은 국가원수이자 행정권의 실질적인 수반입니다. 즉, 대외적으로는 국가원수로서 국가를 대표하고, 대내적으로는 국정의 최고책임자로서 정부의 수반이 됩니다. 대통령은 외국에 국가를 대표하므로 대통령의 행위는 대한민국의 행위로 간주됩니다. 대통령은 국가의 독립·영토의 보전·국가의 계속성과 헌법을 수호할 책무와, 조국의 평화적 통일을 위한 성실한 의무를 집니다.

대통령은 정부의 수반으로서 행정부를 조직하고 거느리고 다스리는 행정권의 최고책임자이며, 행정에 관한 최종결정권자입니다. 행정이란 법률이 지향하는 공익을 적극적으로 실현하는 국가작용을 말합니다. 행정권은 정부에 속하는데, 이때 정부는 대통령과 행정부를 포함합니다. 대통령은 국회가 제정한 법률을 집행함으로써 행정권을 행사합니다. 하지만 정부가 행정권을 독점하는 것은 아니고, 국회와 법원도 그 권한의 범위에서는 행정작용을 수행합니다.

대통령제는 민주적 정당성이 하나의 축인 의원내각제와 달리 두 개의 축을 가지고 있습니다. 의원내각제에서는 국민에 의해 선출된 국회가 집행부를 구성하지만, 대통령제에서는 국민이 국회와 별도로 대통령을 선출해 민주적 정당성을 이원적으로 부여합니다. 대통령은 독임기관으로서 합의기관인 국회로부터 독립해 강력한 행정권을 가지고 국정을 운영합니다. 대통령은 국민에 대해서는 직접 책임을 지고, 국회에 대해서는 책임을 지지 않습니다. 또한 국회는 대통령을 불신임할 수 없고, 대통령도 국회를 해산할 수 없습니다.

대통령은 국가를 대표하는 '얼굴'입니다. 얼굴은 타인에게 나를 처음 드러내는 통로입니다. 사람들은 잘생긴 얼굴보다 좋은 인상을 선호합니다. 생김새는 조상에게 물려받지만 인상은 스스로 만들 수 있습니다. 나 역시 어쩔 수 없는 얼굴보다 노력으로 가꿀 수 있는 인상에 집중합니다. 인상은 표정이 축적되어 생기므로 혼자 있을 때에도 표정을 밝게 하려고 노력합니다. 인상이 좋다는 말을 들으면 잘생겼다는 뜻이 아닌 걸 알면서도 기분이 좋습니다. 우리의 말과 태도도 마찬가지일 것입니다.

제67조

1. 대통령은 국민의 보통·평등·직접·비밀선거에
의하여 선출한다.

2. 제1항의 선거에 있어서 최고득표자가 2인 이상인 때에는
국회의 재적의원 과반수가 출석한 공개회의에서
다수표를 얻은 자를 당선자로 한다.

3. 대통령후보자가 1인일 때에는 그 득표수가 선거권자 총수의
3분의 1 이상이 아니면 대통령으로 당선될 수 없다.

4. 대통령으로 선거될 수 있는 자는 국회의원의
피선거권이 있고 선거일 현재 40세에 달하여야 한다.

5. 대통령의 선거에 관한 사항은 법률로 정한다.

국가권력은 대통령 개인의 것이 아니다

대통령은 국민의 보통·평등·직접·비밀·자유선거에 의해 선출됩니다. 대통령선거에서는 상대적 다수대표제를 채택해 득표율과 무관하게 다수득표자가 당선됩니다. 만약 최고득표자가 2인 이상이면 국회의 재적의원 과반수가 출석한 공개회의에서 다수득표자를 당선자로 결정하지만, 현실적으로 발생할 가능성은 없습니다. 또한 후보자가 1인이면 선거권자 총수의 3분의 1 이상을 득표해야 합니다. 이는 대통령에게 최소한의 민주적 정당성을 부여하기 위한 것입니다.

대통령선거권은 18세 이상의 국민 누구에게나 주어지지만, 대통령이 될 자격은 조금 더 구체적입니다. 선거일 기준 5년 이상 국내에 거주하고 있는 40세 이상의 국민만 대통령선거에 출마할 수 있습니다. 국회의원의 피선거권은 18세 이상의 국민에게, 지방의회의원과 지방자치단체의 장의 피선거권은 선거일 기준 계속해 60일 이상 지방자치단체의 관할구역에 주민등록이 되어 있는 자에게 인정되는 것과 다릅니다.

대통령은 국민에 의해 직접 선출되므로 강력한 민주적 정당성을 지닙니다. 특히 대통령제에서는 국가원수의 지위와 정부수반의 지위가 대통령에게 일원적으로 귀속됩니다. 때문에 대통령은 국회로부터 독립적으로 행정권을 행사해서 국정을 안정적으로 운영할 수 있습니다. 하지만 대통령이 제왕적 권력을 행사하면 독재를 초래할 우려가 있고, 이에 대해 대통령에게 정치적 책임을 묻기는 어렵습니다. 이는 대통령제에 대한 일반적인 특징이고, 나라마다 역사적 조건과 환경에 따라 다르게 운영될 수도 있습니다.

대통령은 대한민국에서 가장 강력한 국가권력을 행사하는 지위에 있습니다. 그의 권력은 개인의 것이 아니라 국민의 공복이라는 대통령의 직책에서 오는 것이지요. 국가권력은 대표적인 공공재이므로 사유화해서는 안 됩니다. 대통령의 권한을 측근이나 특정집단이 사적인 목적으로 사용할 수도 없습니다. 특히, 국가권력을 사적 보복의 수단으로 남용하는 악순환을 끊어내지 못하는 나라에게는 미래가 없습니다.

제68조

1. 대통령의 임기가 만료되는 때에는
임기만료 70일 내지 40일 전에 후임자를 선거한다.

2. 대통령이 궐위된 때 또는 대통령 당선자가 사망하거나
판결 기타의 사유로 그 자격을 상실한 때에는
60일 이내에 후임자를 선거한다.

대통령이라는 직책에 담긴 뜻

대통령은 국정의 핵심이므로 대통령직에는 잠시라도 공백이 발생해서는 안 됩니다. 대통령의 임기가 만료되는 때에는 임기만료 70일 내지 40일 전에 후임자를 선거해 대통령 당선자를 미리 확정해야 합니다. 대통령 당선자는 국정운영의 준비와 연속성을 보장하기 위해 대통령직인수위원회를 구성해 대통령 임기 후 30일까지 운영할 수 있습니다. 만약 대통령에게 특별한 사정이나 사고가 발생한 경우에는 후임 대통령을 선출할 때까지 권한대행자가 대통령직을 수행합니다.

대통령의 임기는 언제부터 시작될까요? 대통령의 임기는 전임 대통령의 임기만료일의 다음날 0시부터 시작됩니다. 다만, 전임자의 임기가 만료된 이후에 선거가 실시되거나 대통령의 직위가 비어 있다는 이유로 선거가 실시된 경우에는 대통령으로 당선되자마자 그 임기가 시작됩니다. 대통령의 직위가 비어 있는 때 또는 대통령 당선자가 사망하거나 판결 기타의 사유로 그 자격을 상실한 때에는 60일 이내에 후임자를 선거해야 합니다.

국가원수라는 대통령의 권한은 국민의 대표라는 지위에서 비롯됩니다. 대통령은 독임기관이므로 합의기관인 국회와 달리 국민의 의사를 비례적으로 대표할 수 없고 한 표라도 더 지지를 받은 후보자가 국민 전체의 대표가 됩니다. 설령 내가 투표하지 않은 사람이 대통령으로 선출되더라도 그는 나를 포함한 국민의 대표입니다. 나는 선거를 통해 선출된 대통령에게 헌법에서 정한 지위와 권한을 임기 동안 부여하기로 약속했기 때문입니다. 또한 대통령은 국민 전체의 대표이므로 자신에게 투표하지 않는 사람의 이익도 대표해야 합니다.

대통령大統領에는 '큰 줄기의 중심'이라는 거창한 뜻이 담겨 있습니다. 이름은 타인에게 불리는 것이고, 내가 타인으로부터 어떻게 불릴 것인지를 자유롭게 결정하는 성명권은 기본권으로 보장됩니다. 게다가 때로 인간은 타인에 의해 명명됨으로써 존재의 의미를 채워가기도 합니다. 공자는 "명부정즉언불순名不正則言不順", 즉 명분이 정당하지 않고 말이 이치에 맞지 않으면 일이 이루어지지 않는다고 했습니다. 그럼에도 불구하고 대통령은 '큰 줄기의 중심'이 되기보다 국민의 가장 큰 공복公僕이 되어야 할 것입니다.

제69조

대통령은 취임에 즈음하여 다음의 선서를 한다.
"나는 헌법을 준수하고 국가를 보위하며
조국의 평화적 통일과 국민의 자유와 복리의 증진 및
민족문화의 창달에 노력하여 대통령으로서의 직책을
성실히 수행할 것을 국민 앞에 엄숙히 선서합니다."

대통령 취임 선서가 말하는 것들

헌법은 헌법기관 중에서 유일하게 대통령에게만 취임할 때 선서할 것을 요구합니다. 대통령은 '대통령으로서의 직책을 성실히 수행할 것'을 국민 앞에 선서해야 합니다. 이때 대통령으로서의 직책은 헌법과 법률이 규정하는 권한과 책무를 의미합니다. 이는 국가원수이자 정부의 수반인 대통령이 주권자인 국민 앞에 대통령의 직책을 제대로 수행할 것을 '엄숙히' 약속한 것이지요. 헌법은 대통령이 선서할 내용까지 구체적으로 규정합니다. 지금까지 대한민국 대통령은 예외 없이 국민 앞에서 위와 같이 선서했습니다.

대통령은 우선 '헌법을 준수할 것'을 선서합니다. 이는 단순히 헌법을 위반하지 않으면 된다는 것에 그치지 않고, 적극적으로 헌법적 가치를 실현해야 한다는 것까지 포함합니다. 그다음으로 '국가를 보위'하며, '조국의 평화적 통일'과 '국민의 자유와 복리의 증진' 및 '민족문화의 창달에 노력'함으로써 대통령의 직책을 수행할 것을 약속합니다. 헌법재판소는 대통령이 헌법을 준수하고 수호해야 할 의무를 위반하면 탄핵사유에 해당된다고 판단합니다.

대통령에게는 국가원수로서 형사상 소추되지 않을 신분적 특권이 있고, 외교적 권한·국가긴급권·헌법기관의 임명권을 행사해 국정에 강력한 권한과 영향력을 발휘합니다. 하지만 대통령은 권력분립에 따라 권한을 행사하므로 국회, 법원, 헌법재판소, 중앙선거관리위원회와 같은 다른 헌법기관보다 절대적으로 우월한 지위를 지니는 것은 아닙니다. 대통령은 독임기관으로서 합의기관인 국회의 구성원인 국회의원 개개인보다 강력한 권한을 지니지만 헌법과 법률에 따라서만 권한을 행사해야 합니다.

대통령이 헌법을 사랑하고 지키면 국민으로부터 사랑을 받을 것입니다. 대통령이 국민으로부터 사랑을 받는다는 것은 국민에게도 큰 행운입니다. 인간에게 사랑은 영원한 숙제입니다. 내가 너를 사랑한다는 것은 무슨 뜻일까요? 너를 사랑하는 것인지, 그런 나를 사랑하는 것인지, 내가 사랑받는다는 것을 사랑하는 것인지, 사랑하는 이유를 사랑하는 것인지 아니면 사랑 그 자체를 사랑하는 것인지 잘 모르겠습니다. 사랑은 인간의 자기착각이거나 상호기만일 수도 있습니다.

제70조

대통령의 임기는 5년으로 하며, 중임할 수 없다.

대통령의 중임을 막는 이유

헌법은 대통령의 임기를 5년으로 하고, 중임할 수 없도록 규정합니다. 이때 중임 重任은 반복해서 다시 임한다는 뜻으로, 대통령직은 연속적인 연임을 포함해 임기 종료 후 퇴임했다가 다시 출마해 당선되는 것도 불가합니다. 이는 대통령 1인의 독재적 장기집권을 방지하고, 평화적 정권교체를 보장하기 위한 것입니다. 만약 대통령이 2회 이상 선출되기 위해서는 헌법을 개정해야 합니다. 게다가 중임 여부를 변경하는 헌법개정은 그 당시의 대통령에게는 적용되지 않습니다.

그러나 대통령의 중임을 제한하는 것은 책임정치에 장애가 된다는 주장도 있습니다. 국민이 대통령에게 책임을 물을 수 있도록 헌법개정을 통해 최소한 2회 연임을 허용하자는 주장입니다. 다만 대통령의 임기와 중임에 대한 변경은 국민의 동의하에 헌법을 개정해야 하는 일입니다. 한편 정당국가에서는 정당의 정권교체를 통해 대통령에게 국정에 대한 책임을 물을 수도 있으니 헌법개정에는 신중을 기해야 합니다.

미국은 대통령이 4년의 임기로 두 번 연임할 수 있는 중임제를 택합니다. 종종 미국의 정치체제는 성공적인 것으로 평가되는데, 이는 대통령의 임기와 연임에 기인한 것은 아닙니다. 그보다 연방제도를 통해 수직적 권력분립을 달성하고, 의회를 양원제로 운영해 대통령의 권한행사로 인한 영향력을 분산시키기 때문입니다. 미국의 정당제도는 양당제이지만 당의 규율이 약해 대통령이 정당을 매개로 막강한 권력을 행사하기는 어렵습니다. 게다가 연방대법원은 대통령과 의회의 권한을 통제하는 조정자의 역할을 수행한다고 평가됩니다.

인간은 누구나 한계상황 안에서만 자유로울 수 있습니다. 한계상황은 시간과 공간과 같은 외부 조건과 로고스Logos, 이성와 파토스Pathos, 감성와 같은 내부 조건을 포함합니다. 인간은 외적 한계를 숙명으로 받아들여 견디는 한편, 내적 한계에 대해서는 부단히 투쟁하면서 현실을 극복합니다. 특히 성리학에서는 인간이 타고난 기질을 하늘의 이치에 일치시키는 자기성찰을 강조합니다. 자기성찰이란 미토스Mythos, 신성와 에토스Ethos, 덕성를 발굴하는 일이고, 실천을 통해 만물의 본질인 '이理'와 만물의 현상인 '기氣'를 일치시키려는 노력입니다.

제71조

대통령이 궐위되거나 사고로 인하여
직무를 수행할 수 없을 때에는
국무총리, 법률이 정한 국무위원의 순서로
그 권한을 대행한다.

준비된 자만이 위기를 극복한다

대통령에게 특별한 사정이나 사고가 발생한 경우에는 어떻게 대처할까요? 대통령직이 비어 있거나 사고로 인해 직무를 수행할 수 없을 때에는 국무총리, 법률이 정한 국무위원의 순서로 그 권한을 대행합니다. 대통령에게 생기는 특별한 사정을 일컫는 유고는 궐위와 사고로 구분됩니다. 궐위는 대통령이 취임하였으나 사망, 탄핵결정으로 인한 파면 등과 같이 대통령이 재직하지 않은 상태를 말합니다. 사고란 대통령이 재직하고 있지만, 질병이나 탄핵소추로 인한 직무정지 등으로 직무를 수행할 수 없는 상태를 말합니다.

권한대행자는 대통령의 권한을 대신 행사하는 자일 뿐 차기 대통령에 취임하는 것은 아닙니다. 권한대행자는 국민에 의해 선출되지 않은 자로서 민주적 정당성이 약하므로 가급적 국정운영을 위해 필요한 현상유지의 범위에서만 권한을 행사하는 것이 바람직합니다. 하지만 대통령은 헌법을 수호하고 국가를 보위하는 국정책임자이고, 대통령의 유고는 국가적으로 위중한 사태이므로 헌법적으로는 권한대행자도 모든 권한을 행사할 수 있습니다.

대통령의 궐위는 그 사유가 비교적 명확하지만, 사고는 그 여부와 누가 판단할 것인지가 명확하지 않습니다. 만약 대통령이 정신질환에 걸렸다면 그것이 사고인지 아닌지를 결정하는 일은 국정운영에서 매우 중요합니다. 대통령의 사고에 대해서는 대통령의 의사를 최우선적으로 존중해야 합니다. 하지만 그것이 불가능한 경우에는 행정권을 지닌 정부의 최고정책심의기관인 국무회의가 자율적으로 결정하는 것이 타당합니다.

대통령의 유고는 국가의 중대한 위기입니다. 위기가 기회라는 말도 있지만 늘 그렇지는 않습니다. 건강한 사람에게 병은 강인함을 보여주는 기회가 되겠지만, 약한 사람에게는 죽음에 가까이 가는 위기일 뿐입니다. 살면서 위기가 없는 사람은 없습니다. 인간이나 국가는 위기를 관리하고 극복하기에 따라 그 운명이 달라집니다. 언제나 인간은 스스로 파멸을 초래하며 언제나 영웅은 난세에 나타납니다. 때문에 나도 국가도 평소에 강건한 맷집을 만들어야 합니다. 또한 진짜 위기는 위기를 극복한 다음에 오는 경우가 많다는 사실도 늘 유의해야 합니다.

제72조

대통령은 필요하다고 인정할 때에는
외교·국방·통일 기타 국가안위에 관한
중요정책을 국민투표에 붙일 수 있다.

개인의 이성에서 집단지성으로

헌법은 대통령에게 국민투표부의권을 부여합니다. 대통령은 필요한 경우 외교·국방·통일을 비롯해 국가안위에 관한 중요정책을 국민투표에 부칠 수 있습니다. 국민투표는 중요정책에 대한 찬반을 묻는 레퍼렌덤Referendum과 실질적으로 대통령의 신임을 묻는 플레비사이트Plebiscite로 구분됩니다. 헌법은 중요정책에 대한 국민투표를 인정하지만 대통령에 대한 신임은 공식적인 선거를 통해 이루어져야 하므로 플레비사이트는 허용하지 않습니다.

대통령은 국민투표의 결과에 따라야 할까요? 헌법은 국민투표의 요건과 효력에 대해서는 아무런 규정을 두지 않습니다. 대통령은 국민투표에 부의할 중요정책인지, 국민투표가 필요한지부터 그 시기와 방법까지 재량으로 결정할 수 있습니다. 또한 국민투표는 중요정책에 대한 국민의 뜻을 확인하는 과정에 불과하며 투표결과가 그 자체로 법적 효력을 발생시키지는 않습니다. 즉 대통령은 국민투표의 결과를 존중하는 것이 바람직하지만 반드시 그 결과에 구속되는 것은 아닙니다.

헌법은 대의제를 원칙으로 채택하며, 국민이 주권을 행사하는 직접민주주의는 국민투표를 통해 예외적으로만 허용합니다. 이때 국민투표는 중요정책과 헌법개정에서만 인정됩니다. 국정에 대해 대통령과 국회의 의견이 다를 때 국민투표를 통해 국민의 의사를 확인하고 국가의사를 통일하는 것입니다. 국민투표는 국민이 국정에 참여하는 직접민주주의의 수단인 한편 독재권력을 정당화시키는 도구로 활용될 위험도 있습니다.

1975년, 대통령은 유신헌법의 찬반과 대통령에 대한 신임 여부를 묻는 국민투표를 실시한 적이 있습니다. 이는 대통령이 국민투표를 정치적으로 이용한 사례로 평가받습니다. 그 이후에는 현행헌법을 개정할 때를 제외하고는 국민투표가 실시된 적이 없습니다. 한편 대통령이 중요정책을 국민투표에 부치는 것은 자신의 무능을 드러내는 것일 수 있습니다. 또한 국민은 국민투표의 설문에 대해 찬반만 표시할 수 있다는 한계를 지닙니다. 이렇듯 개인의 독자적인 이성이 집단지성으로 발전하기는 매우 어렵습니다.

제73조

대통령은 조약을 체결·비준하고,
외교사절을 신임·접수 또는 파견하며,
선전포고와 강화를 한다.

국제사회에서 대통령의 역할

헌법은 대통령에게 조약을 체결·비준하고, 외교사절을 임명해 파견하며, 선전포고와 강화를 할 권한을 부여합니다. 조약은 법적 효과를 발생시키기 위해 외국과 문서로 체결한 합의를 말합니다. 비준은 대통령이 최종적으로 조약의 체결을 확인하고 동의하는 것입니다. 대통령에게는 국가를 대표해 국제법을 형성하고 외국과 친선적 또는 적대적 외교관계를 맺을 권한이 있습니다. 대통령의 외교권은 국가에 중대한 영향을 미치므로 국회에 의해 적절히 통제되어야 합니다.

국제법은 조약과 일반적으로 승인된 국제법규로 구성되며, 조약의 효력은 국내법과 국제법의 관계에 따라 다르게 결정됩니다. 이원론적 관점에서는 국제법과 국내법을 다른 법 체계로 이해하므로 조약은 국내법과 충돌할 여지가 없습니다. 반면 일원론적 관점에서는 조약과 국내법이 충돌할 수 있어 그 법적 효력을 조정할 필요가 있습니다. 이때 헌법은 조약에 대해 '국내법과 같은 효력'을 부여합니다. 헌법, 법률, 명령, 규칙 등이 국내법에 포함됩니다. 즉 이론적으로 조약은 헌법적, 법률적, 명령적 효력을 띱니다.

대통령이 법률적 효력을 갖는 조약을 비준하기 위해서는 미리 국회의 동의를 받아야 합니다. 또한 선전포고, 국군의 외국에의 파견 등에 대해서도 국회의 동의를 받아야 합니다. 대통령의 고도의 정치적·외교적 판단에 따른 정책결정은 '통치행위'에 해당해 사법절차를 통해 판단하기 어려운 측면이 있습니다. 하지만 그 이유로 법의 구속에서 제외되는 것은 아니며, 대통령의 권한행사가 기본권을 침해한 경우에는 사법심사의 대상이 됩니다.

오늘날은 시공간적으로 국가의 경계가 해체되어 여행이 자유로운 시대입니다. 여행은 낯선 공간에서 또 다른 나를 발견하는 일입니다. 그렇다면 한자리에 앉아서도 얼마든지 여행을 떠날 수 있고, 잠들기 전 잠깐 동안에도 여행할 수 있는 것 아닐까요? 이 세상으로 온 여행자일 뿐인 나는 매일 낯선 타인을 만나며 또 다른 나를 마주하니까요. 또한 삶은 반복되고 고통도 반복되기에 나는 오늘의 고통에 힘들어하지 않으려고 노력합니다. 나를 찾는 여행이 끝나면 비로소 길도 열릴 것입니다.

제74조

1. 대통령은 헌법과 법률이 정하는 바에 의하여
국군을 통수한다.

2. 국군의 조직과 편성은 법률로 정한다.

국군은 법에 의해 통제되어야 한다

헌법은 대통령에게 헌법을 수호하고 국가를 보위하는 의무를 수행할 수 있도록 국군을 지휘할 권한을 부여합니다. 대통령은 '헌법과 법률이 정하는 바에 의하여' 국군을 통수합니다. 국군은 대한민국의 군사력이 조직화된 군대이며, 육군, 해군, 공군으로 구성됩니다. 대통령의 국군통수권은 군정권과 군령권을 포함합니다. 군정권은 군대를 조직·편성하고 병력을 관리하는 양병養兵 관련 권한이고, 군령권은 군사작전을 통해 군대를 지휘·명령하는 용병用兵 관련 권한입니다.

대통령은 국무총리와 국방부장관을 통해 군정과 군령을 통솔하고, 국방부장관은 합동참모의장과 각군 참모총장을 지휘·감독합니다. 대통령이 군사력을 동원하는 것은 중대한 국가작용이므로 헌법에 기초해 통제되어야 합니다. 대통령은 침략전쟁에 국군을 동원할 수 없고, 국군의 정치적 중립성을 보장해야 합니다. 국회는 국군의 조직과 편성, 선전포고, 강화조약, 국군의 외국에의 파견 등에 대해 동의권이 있습니다.

국군통수권은 주권의 핵심이므로 대통령이 통할해 독립적으로 행사해야 합니다. 그러나 1950년 6·25전쟁을 계기로 국군의 작전통제권은 유엔군사령관에게 이양되었다가 평시 작전통제권은 국군에 반환되었으나, 아직까지 전시 작전통제권은 반환되지 않은 상태입니다. 이는 한반도의 분단과 휴전이라는 특수한 조건에 기인한 잠정적 조치로 이해됩니다.

국가가 권력을 행사하는 강력한 수단은 군사력과 경찰력입니다. 군사력은 대외적 안전을, 경찰력은 대내적 질서를 관할합니다. 사실 군사력은 폭력성을 내포한 국가권력이므로 현실에서는 사용하지 않는 것이 최선입니다. 영웅은 난세에 필요한 존재이지만 치세治世에는 위험한 존재로 여겨지듯, 군사력 역시 난세에 존재의 이유가 드러날 뿐입니다. 난세에도 법치를 고집하는 것이 독이 될 수도 있지만 언제나 최악을 대비해 군사력을 규율하는 법을 준비해야 합니다. 법은 국가가 권력을 효율적으로 행사하기 위한 최소한의 매뉴얼입니다.

제75조

대통령은 법률에서 구체적으로 범위를 정하여
위임받은 사항과 법률을 집행하기 위하여
필요한 사항에 관하여 대통령령을 발할 수 있다.

대통령의 제한적 입법권

대통령에게는 행정입법권이 있습니다. 행정입법이란 행정기관에서 제정하는 법규범을 말합니다. 헌법은 국회에 입법권을 부여하지만, 입법기능을 효율적으로 배분하기 위해 특정 범위에서 대통령의 행정입법을 허용합니다. 행정입법은 주체를 기준으로 대통령령·총리령·부령으로 나뉩니다. 대통령은 정부수반으로서 대통령령을 제정할 권한을 가지며, 대통령은 법률에 의해 위임받은 위임명령과 법률을 집행하기 위한 집행명령을 발할 수 있습니다. 여기서 위임명령과 집행명령은 모두 법규명령에 속합니다.

대통령은 '법률에서 구체적으로 범위를 정하여 위임받은 사항'에 대해서만 위임명령을 발할 수 있습니다. 이를 '포괄위임입법의 금지'라고 합니다. 국회가 구체적인 범위를 정하지 않고 포괄적으로 위임하면 입법권의 책무를 포기하는 것입니다. 또한 대통령이 구체적인 위임을 받지 않고 위임명령을 발하는 것은 국회의 입법권을 침해하는 것입니다. 다만 대통령령 중 집행명령은 행정기관이 법률을 집행하도록 발하는 것이므로 포괄위임의 제한을 받지 않습니다.

행정입법은 해당 분야의 전문성을 기초로 마련되지만 상위법인 헌법과 법률을 위반해서는 안 됩니다. 대통령의 행정입법은 그 성격을 기준으로 대외적 구속력을 갖는 법규명령과 내부적 효력만 갖는 행정규칙으로 구분됩니다. 법규명령은 헌법에 근거한 대외적 구속력이 있으므로 국민의 권리와 의무를 제한할 수 있습니다. 반면 행정규칙은 행정기관의 고유한 권한에 의해 내부적인 활동을 규율하는 자치적 법 규범이므로 국민의 권리와 의무를 제한할 수 없습니다.

국민의 권리와 의무에 대해서는 국민의 대표인 국회가 법률을 통해 결정해야 합니다. 내가 나의 권리와 의무를 스스로 정하는 것입니다. 인간은 타인의 일은 냉정하게 판단하지만, 자신의 일에는 객관적인 시각을 유지하기가 쉽지 않습니다. 아무리 노력해도 나에게 거리를 두는 일은 어렵기 때문입니다. 나를 돌아보려면 최소한 나를 돌아볼 수 있을 만큼의 거리를 두어야 합니다. 또한 나를 아는 것은 중요하지만 나만 알지 않도록 유의해야 합니다.

제76조

1. 대통령은 내우·외환·천재·지변 또는
중대한 재정·경제상의 위기에 있어서
국가의 안전보장 또는 공공의 안녕질서를 유지하기 위하여
긴급한 조치가 필요하고 국회의 집회를 기다릴 여유가 없을 때에
한하여 최소한으로 필요한 재정·경제상의 처분을 하거나
이에 관하여 법률의 효력을 가지는 명령을 발할 수 있다.

2. 대통령은 국가의 안위에 관계되는 중대한 교전상태에 있어서
국가를 보위하기 위하여 긴급한 조치가 필요하고
국회의 집회가 불가능한 때에 한하여
법률의 효력을 가지는 명령을 발할 수 있다.

3. 대통령은 제1항과 제2항의 처분 또는 명령을 한 때에는
지체없이 국회에 보고하여 그 승인을 얻어야 한다.

4. 제3항의 승인을 얻지 못한 때에는
그 처분 또는 명령은 그때부터 효력을 상실한다.
이 경우 그 명령에 의하여 개정 또는 폐지되었던 법률은
그 명령이 승인을 얻지 못한 때부터 당연히 효력을 회복한다.

5. 대통령은 제3항과 제4항의 사유를 지체없이 공포하여야 한다.

긴급사태에 주어지는 대통령의 권한

헌법은 국가비상사태가 발생한 경우 이를 극복하고 질서를 수호할 수 있도록 대통령에게 국가긴급권을 부여합니다. 국가긴급권은 예외적인 상황에 발동하는 것으로 경우에 따라 권력분립이나 국민의 기본권과 충돌합니다. 또한 대통령이 독재권력을 유지하고자 국가긴급권을 남용하면 헌법질서를 파괴할 위험도 있습니다. 따라서 국가긴급권은 비상사태를 극복하기 위한 소극적 목적으로 최소한의 범위에서 발동되어야 합니다. 또한 헌법이 정한 요건과 절차에 따라서만 행사되어야 하며 국회의 통제를 받아야 합니다.

대통령은 '내우·외환·천재·지변 또는 중대한 재정·경제상의 위기'에서 '국가의 안전보장 또는 공공의 안녕질서'를 유지하기 위해 '긴급한 조치'가 필요하고 국회의 집회를 기다릴 여유가 없을 때 긴급재정경제명령·처분을 발할 수 있습니다. 이때에는 지체 없이 국회의 승인을 얻어야 하고, 승인을 얻지 못하면 그 명령·처분은 그때부터 효력을 상실합니다.

또한 대통령은 '국가의 안위에 관계되는 중대한 교전상태'에서 '국가를 보위'하기 위해 '긴급한 조치'가 필요하고 국회의 집회가 불가능한 때에 한해 긴급명령을 발할 수 있습니다. 이때에도 지체 없이 국회의 승인을 얻어야 하고, 승인을 얻지 못하면 그 명령은 그때부터 효력을 상실합니다. 다만 그 명령에 의해 개정·폐지된 법률은 국회의 승인을 얻지 못한 때부터 효력을 회복합니다. 한편 긴급재정경제명령과 긴급명령을 발할 때에는 국회의 승인에 대한 사유를 공포해야 합니다.

인간의 욕망에는 충족될수록 더욱 커지는 무한한 자가증식의 성격이 있습니다. 대통령은 최고의 국가권력을 지니기 때문에 권력에 대한 욕망이 더욱 커지기 쉽습니다. 권력을 갖지 못한 대중은 권력자에 열광하고, 권력자는 이를 이용해 권력을 강화합니다. 인간의 불행은 욕망에서 비롯된다고 합니다. 때문에 욕망하는 것을 가지려고 하지 않고, 가질 수 있는 것을 욕망하는 것이 안전할 것입니다. 하지만 인간은 욕망하는 존재이므로 욕망 그 자체를 없애기는 어렵습니다.

제77조

1. 대통령은 전시·사변 또는 이에 준하는 국가비상사태에 있어서
병력으로써 군사상의 필요에 응하거나
공공의 안녕질서를 유지할 필요가 있을 때에는
법률이 정하는 바에 의하여 계엄을 선포할 수 있다.

2. 계엄은 비상계엄과 경비계엄으로 한다.

3. 비상계엄이 선포된 때에는 법률이 정하는 바에 의하여
영장제도, 언론·출판·집회·결사의 자유,
정부나 법원의 권한에 관하여 특별한 조치를 할 수 있다.

4. 계엄을 선포한 때에는 대통령은 지체없이
국회에 통고하여야 한다.

5. 국회가 재적의원 과반수의 찬성으로
계엄의 해제를 요구한 때에는 대통령은 이를 해제하여야 한다.

안정적인 국가를 유지하기 위해서

대통령의 국가긴급권에는 긴급재정경제명령·처분권과 긴급명령권 이외에 계엄선포권이 있습니다. 대통령은 '전시·사변 또는 이에 준하는 국가비상사태'에서 병력을 동원해 '군사상의 필요에 응하거나 공공의 안녕질서를 유지할' 필요가 있을 때에는 계엄을 선포할 수 있습니다. 대통령이 계엄을 선포하면 지체 없이 국회에 알려야 하지만 국회의 승인을 받을 필요는 없습니다. 다만, 국회가 재적의원 과반수의 찬성으로 계엄의 해제를 요구하면 대통령은 이를 해제해야 합니다.

계엄에는 비상계엄과 경비계엄이 있습니다. 비상계엄이 선포되면 계엄사령관은 계엄지역의 '모든 행정사무와 사법사무'를 관장합니다. 이때에는 법률이 정하는 바에 의해 영장제도, 언론·출판·집회·결사의 자유, 정부나 법원의 권한에 관해 특별한 조치를 할 수 있습니다. 반면 경비계엄이 선포되면 계엄사령관은 계엄지역의 '군사에 관한 행정사무와 사법사무'를 관장할 뿐 그밖의 것에 대해서는 특별한 조치를 할 수 없습니다.

헌법은 이기적인 인간과 폭력적인 국가가 이타적이고 평화롭게 공존할 수 있도록 정치권력을 규범화한 것입니다. 또한 헌법은 언제든지 파괴될 수 있다는 것을 예정하고, 스스로를 수호하기 위해 국가긴급권을 제도적으로 수용합니다. 국가긴급권은 비상사태에서 응급처방으로 활용되어야 하고, 국가를 신속하게 정상화하기 위해서만 이용되어야 합니다. 국가는 통상적인 방식으로 운영되어야 건강합니다. 응급처방이 일상화되면 건강한 국가를 유지할 수 없습니다.

인간에게 욕망은 살아 있음을 증명하는 생명력입니다. 다만 무엇을 욕망할 것인지보다 어떻게 욕망할 것인지가 중요합니다. 자유로운 인간은 욕망하되, 욕망에 예속되지 않습니다. 나는 욕망에 포획되지 않고 욕망을 관조하고 싶습니다. 공자가 "낙이불음 애이불상 樂而不淫 哀而不傷"이라고 말한 상태를 그때 실현할 수 있기 때문입니다. 즉 즐거워하되 음란하지 않고, 슬퍼하되 상처받지 않는 상태입니다. 오늘도 나는 욕망을 버리려는 욕망을 버리는 것부터 시작해, 욕망을 절제하는 욕망을 키우고자 합니다.

제78조

대통령은 헌법과 법률이 정하는 바에 의하여
공무원을 임면한다.

공무원이라는 복잡한 지위

대통령은 국가원수로서 대법원장·헌법재판소장 등을 임명해 사법부를 구성하고, 정부수반으로서 국무총리·국무위원·행정각부의 장을 임명해 행정부를 구성합니다. 헌법은 대통령에게 헌법과 법률이 정하는 바에 의해 공무원을 임면하는 권한을 부여합니다. 이때 임면任免이란 임명과 해임뿐만 아니라 파면, 휴직, 전직, 징계처분 등과 같은 처분을 포함합니다. 한편 대통령이 고위공무원을 임명할 때에는 국무회의의 심의, 국회의 동의, 인사청문회와 같은 절차를 거쳐야 합니다.

대통령은 '헌법과 법률이 정하는 바'에 따라 공무원을 임면하므로 헌법이 일정한 자격을 요구하거나 임기를 정해 신분을 보장하는 경우에는 그에 따라야 합니다. 특히 고위공직자에 대해서는 국회의 탄핵소추와 헌법재판소의 탄핵심판을 거쳐 파면할 수 있습니다. 국회는 국무총리·국무위원에 대해 해임건의권을 행사할 수도 있습니다. 또한 국민은 공무담임권을 기본권으로 지니므로 대통령이 공무원의 임면권을 남용한 경우에는 행정소송이나 헌법재판과 같은 사법절차를 통해 구제받을 수 있습니다.

공무원은 대통령에 의해 임명되지만, 대통령에 대해 봉사하고 책임을 지는 것이 아니라 국민 전체의 봉사자로서 국민에 대해 책임을 집니다. 공무원의 행위가 국가의 행위로 간주되어 법적 효력을 발생시키는 것은 국민에 의해 선출된 대통령에 의해 임명되어 간접적으로 민주적 정당성을 지니기 때문입니다. 대통령은 직업공무원제도에 따라 능력과 실적을 기준으로 공무원을 임면해야 합니다. 이때 공무원의 신분을 보장하고 그 정치적 중립성도 보장해야 합니다.

공무원으로 살아간다는 것은 조건에 따라 이중적 인격을 지니는 것을 의미합니다. 공적 업무를 수행할 때에는 대통령을 뒤에 두고 국민을 향해 공권력을 행사합니다. 하지만 공무원도 국민의 한 사람이므로 공권력의 대상이 되기도 합니다. 때문에 공권력의 주체이자 객체가 되는 인지부조화가 발생합니다. 인간은 대부분 자기의 이미지로 세상과 관계를 맺고 자기의 그림자로 살아갑니다. 그림자는 실체를 온전히 반영하지 못하고 그저 빛의 방향에 따라 변화무쌍하게 변할 뿐입니다.

제79조

1. 대통령은 법률이 정하는 바에 의하여
사면·감형 또는 복권을 명할 수 있다.

2. 일반사면을 명하려면 국회의 동의를 얻어야 한다.

3. 사면·감형 및 복권에 관한 사항은 법률로 정한다.

스스로 용서해야 사죄와 처벌도 가능하다

대통령은 사면赦免·감형減刑·복권復權을 명할 수 있습니다. 사면은 공소권이나 형의 효력을 소멸시키는 것, 감형은 형벌을 감경하는 것, 복권은 형벌로 인해 상실하거나 정지된 자격을 회복시키는 것을 말합니다. 사면이란 범죄자를 용서함으로써 정치적 갈등을 해소하고 사회 통합을 달성하는 기능을 합니다. 대통령은 '법률이 정하는 바에 의하여' 사면권을 행사할 수 있습니다.

법은 일반사면과 특별사면을 구별하지 않지만, 사면법은 양자를 구별하고 그 대상, 요건, 법적 효과를 달리 정합니다. 일반사면은 형의 종류를 지정해 모든 범죄인을 대상으로 하며, 대통령령을 통해 시행합니다. 또한 실질적으로 법률을 개정하는 효과를 발생시키므로 국회의 동의를 얻어야 합니다. 한편 특별사면은 특정인을 대상으로 하며, 국회의 동의 없이 대통령의 개별적 행위로 이루어집니다. 특별사면·감형·복권은 법무부장관이 사면심사위원회의 심사를 거쳐 대통령에게 상신하는 방식으로 진행됩니다.

대통령의 사면권은 사법권의 독립을 해칠 수 있습니다. 사면은 국가가 많은 인력과 시간을 들여 확정한 재판의 최종적인 사법적 판단을 일거에 무력화시키기 때문입니다. 이는 법을 차별적으로 적용하는 결과를 초래해 사회갈등을 유발하기도 합니다. 헌법은 대통령이 재량으로 사면권을 행사할 수 있다고 규정해 두었을 뿐 이 사면을 정당화하는 조건은 명시하지 않아 통제할 장치가 없습니다. 일반사면에 국회의 동의가 필요함을 규정했을 뿐입니다.

사면권은 왕의 사면권을 일컫는 은사권恩賜權에서 비롯되었습니다. 대한민국은 1948년 법률 제1호 정부조직법에 이어 제2호로 사면법을, 제3호로 반민족행위처벌법을 제정했습니다. 이를 통해 새로운 국가의 기틀을 세우면서 국민적 통합과 과거의 극복을 최우선 과제로 설정한 것을 알 수 있습니다. 하지만 국가가 개인의 범죄를 용서할 수 있는지는 잘 모르겠습니다. 대통령이 사면한다고 해서 그 범죄가 용서된 것일까요? 신과 피해자가 용서하는 것도 마찬가지입니다. 오직 자기를 용서해야 피해자에게 사죄할 수 있고 처벌도 달게 받을 수 있습니다.

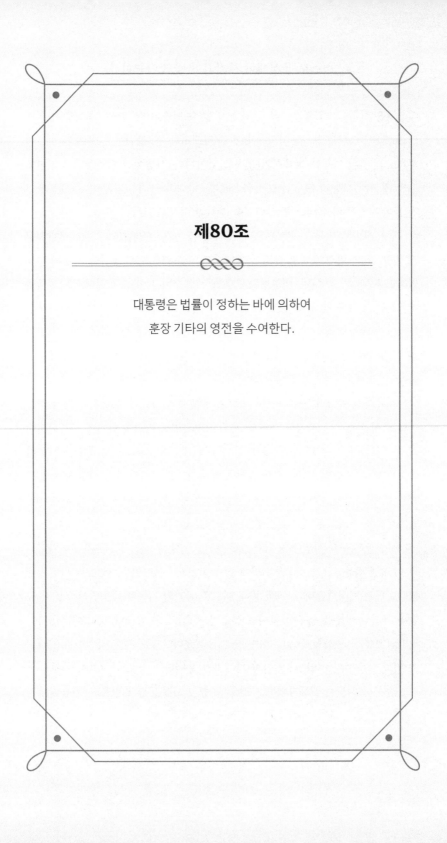

제80조

대통령은 법률이 정하는 바에 의하여
훈장 기타의 영전을 수여한다.

이데올로기의 위험성과 선악의 의미

헌법은 대통령에게 훈장과 기타의 영전을 수여할 수 있는 권한을 부여합니다. 훈장勳章은 국가와 사회에 공헌한 사람에게 수여하는 휘장을 말하며, 영전榮典은 국가에 뚜렷한 공적을 세운 사람에게 부여하는 특수한 법적 지위로서 훈장을 포함합니다. 대통령의 영전수여권은 국무회의의 심의를 거칠 뿐 특별한 제한을 받지 않고 행사할 수 있습니다. 다만 그 절차는 법률이 정한 것을 따라야 하고, 상훈법은 훈장과 포장褒章에 대해 규정합니다.

훈장 등의 영전은 이를 받은 자에게만 효력이 있고, 부상副賞을 함께 수여하는 것 이외에는 어떠한 특권도 따르지 않습니다. 헌법은 어떠한 형태로도 사회적 신분계급을 만들지 못하도록 규정하기 때문입니다. 훈장과 포장은 본인만 패용하며, 사후에는 유족이 보존하되 이를 패용하지는 못합니다. 다만, 훈장과 포장을 받은 사람이 국가유공자에 해당할 경우에는 유족이 우선적으로 근로의 기회를 부여받을 수 있습니다.

국민이 국가를 위해 공헌하는 것은 선하고 가치 있는 행위입니다. 사람은 타인의 인정을 통해 자신의 가치를 확인하므로 국가로부터 상훈을 받으면 자부심을 느끼기 마련입니다. 하지만 상훈은 국민을 효율적으로 통치하는 수단이 되지 않도록 유의해야 합니다. 국가가 상훈을 수여함으로써 받은 자는 우등 콤플렉스를 지닐 수 있고, 받은 사람뿐만 아니라 국민 전체에도 집단적 콤플렉스를 형성해 국가에 맹목적으로 충성하게 만드는 우상으로 작용할 수 있기 때문입니다.

사람은 누구나 자기만의 세계가 있고, 자기에게는 신적 존재이며, 자기만의 역린逆鱗*도 있습니다. 그렇다면 인간 세상에서 선과 악은 어떻게 구별할까요? 국가가 규정하는 선과 악은 권력을 위한 이데올로기로 이용됩니다. 이데올로기는 어떤 현상을 설명하고 정당화하는 인식의 틀로서 인간을 자발적 노예로 만들기도 합니다. 선을 행하는 사람은 그 자체로 상을 받아야 하고, 악을 행하는 사람은 그 자체로 벌을 받아야 합니다. 또한 타인의 악행에 의해 고통받는 것은 내가 악을 행하는 것보다 낫습니다.

---

* 　용의 목에 거꾸로 난 비늘을 일컫는 말로, 군주만의 약점을 뜻함

제81조

대통령은 국회에 출석하여 발언하거나
서한으로 의견을 표시할 수 있다.

대화와 소통의 힘

헌법은 대통령이 '국회에 출석하여 발언'하거나 '서한으로 의견을 표시'할 수 있다고 규정합니다. 이는 대통령이 국회와 국정운영에 대해 논의하고 협조할 수 있도록 하기 위함입니다. 대통령뿐만 아니라 국무총리·국무위원·정부위원도 국회의 본회의나 위원회에 출석해 국정처리상황을 보고하거나 의견을 진술하고 질문에 응답할 수 있습니다. 이는 국회의 요구가 없을 때도 스스로 출석할 수 있는 권한을 포함합니다.

국회는 국무총리·국무위원에게 본회의나 위원회에 출석하도록 해 국정에 대해 질문할 수 있고, 국무총리·국무위원·정부위원은 출석·답변해야 합니다. 여기서 출석을 요구할 수 있는 자는 국무총리·국무위원뿐입니다. 국회가 대통령에게 직접 국회에 출석할 것을 요구할 수는 없습니다. 물론 대통령이 자신의 뜻에 따라 스스로 출석하는 것과 서면으로 의견을 표시하는 것은 가능합니다.

대통령과 국회의 관계는 정부형태에 따라 다르게 설정됩니다. 의원내각제에서 대통령은 국가원수로서 의례적인 지위만 갖고, 수상을 중심으로 하는 내각이 실질적인 행정권을 행사합니다. 내각은 의회의 다수파로 형성되므로 수상이 의회에 출석해 의견을 표시하는 것이 자연스럽습니다. 하지만 대통령제에서는 권력분립이 엄격하게 요구되고 대통령이 실질적으로 행정권을 가지므로 입법권을 가진 국회에 출석해 의견을 표시하는 것은 체계적으로 적합하지 않은 면이 있습니다.

대통령이 국회에 자신의 의견을 표시하는 것은 국회와 소통하기 위해서입니다. 타인과 공존하기 위해서는 동일한 언어로 서로 소통할 수 있어야 합니다. 그런데 정치인이 '국민'을 서로 다르게 이해하고 특정집단에 국한해서는 소통이 되지 않습니다. 소통을 위해서는 거짓말을 하지 않고 진심을 전달해야 합니다. 또한 타인의 의견이 옳다고 생각되면 내 생각을 바꾸고 그 의견을 수용할 여지를 두고 소통해야 합니다. 내가 이러한 소통방식을 타인과 공유할 때에만 우리는 대화할 수 있습니다.

제82조

대통령의 국법상 행위는 문서로써 하며,
이 문서에는 국무총리와 관계 국무위원이 부서한다.
군사에 관한 것도 또한 같다.

대통령의 행위를 문서로 남기고 부서하는 이유

대통령의 행위는 국가에 중대한 영향을 미치므로 신중하고 명확하게 이루어져야 합니다. 헌법은 대통령의 국법상 행위는 '문서로써' 하도록 요구합니다. 대통령의 국법상 행위란 헌법과 법률에 의해 대통령에게 부여된 권한과 관련해 법적 효과를 발생시키는 모든 행위를 말합니다. 대통령이 문서로 하지 않은 행위는 헌법이 규정한 요건과 절차를 위반한 것이므로 위헌이고 무효가 되며, 국법상 행위로 인정되지 않습니다.

대통령의 국법상 행위에는 국무총리와 관계 국무위원이 부서(副署)해야 합니다. 부서는 국무총리·국무위원이 함께하는 서명으로, 이는 책임을 명확히 하고 물적 증거를 남기기 위한 것입니다. 국무총리·국무위원이 부서하는 것은 헌법상 권한이기도 하므로 대통령의 행위에 동의하지 않으면 부서를 거부할 수도 있습니다. 이때 대통령은 국무총리·국무위원을 해임할 수도 있습니다. 다만 대통령이 국무총리·국무위원의 부서 없이 한 행위는 위헌이자 무효입니다.

역사적으로 문서주의와 부서주의는 신하가 왕을 대신해 의회에 책임을 지는 제도에서 시작되었습니다. 정부형태에 따라 그 의미가 다른데, 의원내각제에서는 내각이 의회에 대해 책임을 지기 때문에 문서와 부서에 중요한 의미가 있습니다. 하지만 대통령제에서는 대통령이 국회에 책임을 지지 않고, 국무총리와 국무위원에 대해 책임을 물어 언제든지 해임할 수 있기 때문에 큰 의미가 없습니다. 대통령이 적법하게 권한을 행사하도록 절차적으로 통제하는 수단에 불과합니다.

글은 생각의 표상이자 사유의 감옥이며, 말보다 강한 흔적을 남깁니다. 나의 독서법은 3회독입니다. 처음 읽을 때는 책에 공감하고 감동합니다. 웬만한 책은 정면으로든 반면으로든 감동거리가 있습니다. 두 번째 읽을 때는 책을 통해 나를 반성적으로 고찰합니다. 마지막 세 번째 읽을 때는 책의 내용을 소화하고 체화합니다. 그리고 좋은 책을 만나면 3회독을 세 번 반복합니다. 반복의 힘은 강력합니다. 제자리를 돌지만 더욱 깊이 들어가는 나사못처럼, 나는 그 이전의 나와는 다른 인간이 됩니다.

제83조

대통령은 국무총리·국무위원·행정각부의 장
기타 법률이 정하는 공사의 직을 겸할 수 없다.

관료제를 성공적으로 운영하는 법

대통령은 정부의 수반이므로 권력분립에 따라 입법권을 지닌 국회나 사법권을 가진 법원·헌법재판소는 물론 다른 헌법기관의 구성원이 될 수 없습니다. 또한 대통령은 국무총리·국무위원·행정각부의 장이나 기타 법률이 정하는 공적이고 사적인 직을 겸할 수 없습니다. 이는 정부 내부에서도 권력분립을 실현해 국무총리 등이 대통령의 권한을 견제할 수 있도록 하고, 대통령과 국무총리 등의 이익이 서로 충돌하지 않도록 하기 위한 것입니다.

대통령은 국가원수로서 헌법기관을 구성하고 대법원장·헌법재판소장 등을 임명할 권한이 있습니다. 하지만 대통령은 권력분립을 준수해 헌법이 부여한 권한만 행사해야 하므로 다른 헌법기관보다 우월한 지위가 있다고는 할 수 없습니다. 대통령도 국민 전체에 대한 봉사자인 공무원으로서 국민에 대한 책임을 지고, 법률이 규정하는 법적 의무를 부담합니다. 만약 대통령이 직무수행에서 헌법과 법률을 위반하면 탄핵사유에 해당합니다.

대통령은 국민의 직접선거로 선출된 특수경력직 공무원인 정무직 공무원이므로, 정치적 중립성이 보장되는 직업공무원제도가 적용되지 않습니다. 즉, 대통령은 정치운동을 할 수 있고, 정당의 발기인이나 당원이 되어 정당활동을 할 수도 있습니다. 하지만 정당국가에서 대통령이 다수당에 소속되어 정치활동을 하는 것은 권력의 집중을 초래해 국회의 국정통제기능을 약화시킵니다. 또한 공직선거법은 공무원의 선거운동을 금지하므로 대통령은 공직선거에서는 선거의 공정을 위해 중립을 지켜야 합니다.

대통령은 정부의 수반으로 조직화된 관료제의 정점에 위치합니다. 관료제는 분업화된 조직과 유기적 협력에 기반한 중앙집권적 체제로 전문성, 효율성, 합리성을 그 핵심가치로 합니다. 조선은 정도전이 구상한 재상 중심의 관료제로 운영된 덕분에 임진왜란과 병자호란을 극복했다고 평가되기도 합니다. 관료제가 성공하기 위해서는 인재를 발굴해 적재적소에 활용하는 시스템을 갖춰야 합니다. 만약 관료제가 구성원의 자율적 인격을 보장하지 않으면 획일적 원리로 흘러 독재의 수단으로 전락하고 맙니다.

제84조

대통령은 내란 또는 외환의 죄를 범한 경우를 제외하고는
재직 중 형사상의 소추를 받지 아니한다.

다른 이들보다 더 평등한 국민

헌법은 대통령의 권위를 존중하고 정상적인 직무수행을 보장하기 위해 형사상 특권을 부여합니다. 대통령이 고소·고발되거나 범죄로 형사상 소추를 받게 되면 국정을 제대로 수행하기 어렵기 때문입니다. 대통령은 '내란 또는 외환의 죄를 범한 경우'를 제외하고는 재직 중 형사상의 소추를 받지 않습니다. 다만 형사상 특권은 대통령의 직무수행을 보장하기 위한 것이므로 '재직 중'에만 인정되고, 퇴임 후에는 그 범죄에 대해 공소제기를 통해 재판을 받게 할 수 있습니다.

대통령이 내란이나 외환의 죄를 범한 경우에는 헌법을 침해하므로 형사상 특권이 인정되지 않습니다. 국회는 법률을 통해 형사상 특권을 폐기할 수 없고, 헌법개정을 통해서만 폐지할 수 있습니다. 한편 대통령이 범죄를 저지른 경우 재직 중 형사상 소추가 되지 않을 뿐, 민사적 책임이 면제되는 것은 아닙니다. 다만 대통령의 재직 중 형사상 특권은 법률적 장애 사유에 해당하므로 그 기간 동안 공소시효의 진행도 정지됩니다. 또한 대통령이 탄핵소추되어 권한행사가 정지된 경우에도 대통령의 신분을 상실하는 것은 아니므로 형사소추할 수 없습니다.

대통령의 형사상 특권은 헌법에 의해 직접 부여되므로 규범적으로 평등에 위반되지는 않습니다. 다만 인간은 평등하지만, 일부 인간은 더 평등하다는 사실을 확인할 수 있습니다. 즉 현실적으로 서로 다른 개인을 규범적으로 동등하게 대우해야 한다는 평등의 의미를 법으로 요청하고 있는 것입니다. 평등이란 형식적으로 차등을 없애는 것이 아니라 실질적으로 균형을 이루는 것입니다. 한편 차별은 차등이 그 균형을 잃을 때 발생하는 것입니다.

인간은 구별짓기를 통해 타인과 차이를 만들고 자신의 존재 의미를 확인합니다. 여기서 차이는 평등의 균형이 깨진 상태인 차별을 정당화하는 수사가 되어서는 안 됩니다. 평등을 통해 실현되는 정의는 각자의 몫을 각자에게 배분했을 때가 아니라, 각자의 몫을 책임으로 다할 때 비로소 완성된다는 사실을 새겨야 합니다. 법의 영역에서 차별은 허용되지 않으므로 상대적 차별, 합리적 차별, 형식적 차별은 형용모순에 불과합니다.

제85조

전직대통령의 신분과 예우에 관하여는 법률로 정한다.

전직대통령의 바람직한 역할

전직대통령은 얼마의 연금을 받고 어떠한 예우를 받을까요? 헌법은 전직대통령을 특별히 예우해 그 신분과 대우에 관해 법률로 정하도록 위임합니다. 법률에 따르면 전직대통령에게 보수연액*의 95퍼센트를 연금으로 지급하고, 서거한 전직대통령의 유족 중 배우자에게는 그 금액의 70퍼센트를 유족연금으로 지급합니다. 또한 대통령과 그 유족에게는 기념사업과 묘지관리의 지원, 경호·교통·사무실 등의 편의, 본인·가족에 대한 치료의 특혜도 제공합니다.

이렇게 전직대통령을 특별히 예우하는 이유는 대통령으로서 5년간 국민에게 봉사한 노고에 보답하기 위해서입니다. 하지만 전직대통령을 예우할 정당한 이유가 없는 경우 필요 범위에서 최소한만 지원합니다. 즉, 전직대통령이 재직 중 탄핵을 당해 파면된 경우나 금고 이상의 형이 확정된 경우, 대한민국의 국적을 상실한 경우 등에는 경호와 경비 이외의 예우는 하지 않습니다.

전직대통령은 국가원로자문회의의 의장이 되어 현직대통령을 자문諮問할 수 있습니다. 대통령의 지위는 개인적인 권력이나 명예의 차원이 아니라 국가공동체의 운명과 헌법적 가치를 좌우하는 중요한 공적 자산입니다. 국민이 전직대통령을 존경하고 오래 기릴 수 있으면 좋겠지만, 안타깝게도 대한민국 대통령은 대부분 그런 명예를 누리지 못했습니다. 대통령은 어떻게 선출되는지보다 어떻게 퇴임하는지가 훨씬 중요한 듯합니다. 여행이 끝나야 비로소 길이 보이고 사람은 죽은 후에 삶을 평가받듯이 대통령의 업적도 퇴임 후에 진가가 드러납니다.

세상에 변하지 않는 것은 없기에 인간이라면 누구나 회자정리會者定離를 해야 합니다. 나는 타인을 포함한 세계와 가깝고 직접적인 '인因'과 멀고 간접적인 '연緣'으로 얽혀 있습니다. 누군가가 나에게 인연이라면, 나 또한 그에게 인연입니다. 모든 인연은 시절인연이니 적당한 때에 끝마쳐야 합니다. 작별할 때는 영원히 이별할 듯이, 이별할 때는 내일 재회할 듯이 분수작별分手作別하는 것이 바람직합니다.

---

* 대통령이 매달 받는 돈의 8.85배에 상당하는 금액

제1관 국무총리와 국무위원

제86조

1. 국무총리는 국회의 동의를 얻어 대통령이 임명한다.

2. 국무총리는 대통령을 보좌하며,
행정에 관하여 대통령의 명을 받아 행정각부를 통할한다.

3. 군인은 현역을 면한 후가 아니면 국무총리로 임명될 수 없다.

국무총리직은 대통령의 보좌기관이다

국무총리는 대통령의 명을 받아 행정각부를 통할하는 행정부의 2인자이자 제1순위 권한대행자입니다. 헌법에 따르면 국무총리는 본질적으로 대통령의 보좌기관이며, 대통령의 모든 국법상 행위에 부서할 권한과 책무가 있습니다. 국무총리는 중앙행정기관을 지휘하고 감독할 뿐만 아니라 단독 행정기관으로서 소관 업무도 처리합니다.

국무총리는 대통령이 국회의 동의를 얻어 임명합니다. 국민을 대표하는 두 기관이 합의하에 선출하는 것입니다. 때문에 국무총리는 대통령과 국회에 대해 이중적으로 책임을 져야 합니다. 대통령은 언제든 국무총리를 해임할 수 있고, 국회에는 국무총리에 대한 해임건의권과 탄핵소추권이 있습니다. 한편 헌법은 현역을 면한 군인이 아니면 국무총리에 임명될 수 없도록 규정해 국군의 정치적 중립성을 보장합니다.

국무총리의 지위는 정부형태에 따라 다릅니다. 의원내각제에서는 내각의 수반으로서 실질적인 행정권을 행사하지만, 대통령제에서는 대통령을 보좌할 뿐입니다. 이원정부제에서는 대통령과 행정권을 나누어 행사합니다. 우리나라는 1948년 건국헌법에서는 국무총리와 함께 부통령을 두었으나, 1960년 개헌에서 의원내각제를 채택해 국무총리가 실질적인 행정권의 수반이 된 역사가 있습니다. 1962년 헌법부터는 대통령제를 채택하면서도 부통령은 두지 않고 국무총리의 자리는 유지한 채로 오늘날까지 이어져왔습니다.

국무총리는 행정각부를 통할하므로 실질적으로 행정권을 행사할 여지가 있습니다. 특히 대통령이 소속된 정당과 국회의 다수파가 다를 경우에는 국회의 동의를 받은 국무총리가 행정권을 대통령과 분점할 가능성도 있습니다. 하지만 국무총리는 본질적으로 대통령의 명을 받는 보좌기관이며, '대통령의 명을 받아' 행정각부를 통할하기 때문에 행정권이 이원화될 가능성은 크지 않습니다.

제87조

1. 국무위원은 국무총리의 제청으로 대통령이 임명한다.

2. 국무위원은 국정에 관하여 대통령을 보좌하며,
국무회의의 구성원으로서 국정을 심의한다.

3. 국무총리는 국무위원의 해임을 대통령에게 건의할 수 있다.

4. 군인은 현역을 면한 후가 아니면
국무위원으로 임명될 수 없다.

사소해 보이지만 큰 의미가 담긴 자리

국무위원은 대통령을 보좌하며, 국무회의 구성원으로서 국정을 심의합니다. 또한 국무위원에게는 국무총리와 별도로 대통령을 보좌할 권한과 책무가 있습니다. 다만 국무위원은 국무회의 구성원으로 모든 안건에 대해 심의하므로 자신만의 고유한 소관업무를 갖지는 않습니다. 국무회의에서는 대통령·국무총리·국무위원이 동등한 지위로 심의합니다. 국무위원은 대통령의 국법상 행위에 부서할 권한과 책무가 있고, 국무총리 후순위로 대통령의 권한대행자가 됩니다.

국무위원은 국무총리의 제청으로 대통령이 임명합니다. 이때 대통령은 국무총리의 제청에 구속되지는 않지만, 국무총리가 제청하지 않은 사람을 국무위원으로 임명하는 것은 불가능합니다. 또한 국무총리는 대통령에게 국무위원의 해임을 건의할 수 있지만, 대통령은 이에 구속되지 않습니다. 국회도 국무위원에 대해 해임건의권과 탄핵소추권이 있습니다. 한편 헌법은 현역을 면한 군인이 아니면 국무위원에 임명될 수 없게 해 국군의 정치적 중립성을 보장합니다.

국무위원은 국가의 정책을 심의하지만 대통령을 보좌할 뿐입니다. 세계는 관점에 따라 다르게 해석할 수 있습니다. '나'라는 땅은 그대로지만 빛의 방향에 따라 양지가 되기도 하고 음지가 되기도 하는 것처럼 말입니다. 사물을 이해한다는 것은 용도와 가능성을 안다는 것으로, 우리는 해석을 거쳐야만 사물의 의미를 실현할 수 있습니다. 나는 나를 이해하고 해석함으로써 존재하는 이유를 발견합니다.

세상에는 어떤 의미에서도 의미 없는 것은 없습니다. 무엇이든 어떤 일이든 누군가의 삶에서는 의미가 있습니다. 다만 의미는 저절로 발생하거나 소멸되지 않습니다. 나는 능동적으로 세계에 의미를 부여거나 파괴할 수 있습니다. 나는 타자에게도 의미로 존재합니다. 그러나 나의 존재 자체로 타자에게 의미가 된 적이 있는지는 잘 모르겠습니다. 나에게 '나'는 의미 자체이고, '너'는 의미이며, '그'는 무의미입니다. 나머지는 의미를 따지지 않는 비의미일 뿐입니다.

제2관 국무회의

제88조

1. 국무회의는 정부의 권한에 속하는 중요한 정책을 심의한다.

2. 국무회의는 대통령·국무총리와
15인 이상 30인 이하의 국무위원으로 구성한다.

3. 대통령은 국무회의의 의장이 되고,
국무총리는 부의장이 된다.

국무회의는 필수적 심의기관이다

국무회의에서는 정부의 권한에 속하는 중요한 정책을 심의합니다. 국무회의는 대통령과 국무총리, 15인 이상 30인 이하의 국무위원으로 구성되며 의장은 대통령, 부의장은 국무총리입니다. 국무위원은 국무회의에서 의장인 대통령, 부의장인 국무총리와 동등한 지위를 지니는데, 이는 행정각부의 장이 대통령과 국무총리의 지휘와 감독을 받는 것과 다른 점입니다. 행정각부의 장관은 대통령이 국무위원 중에서 임명합니다.

국무회의는 구성원 과반수의 출석으로 열리고, 출석위원 3분의 2 이상의 찬성으로 의결합니다. 하지만 국무회의는 국가정책을 최종적으로 확정하는 의결기관이 아니므로 의결 그 자체가 법적 효력을 지니지는 않습니다. 그렇다고 국무회의가 단순히 대통령에 대해 자문을 제공하는 역할에만 머무는 것은 아닙니다. 국무회의는 헌법에 의해 반드시 설치되어야 할 필수적 헌법기관으로 명시되어 있으며, 정부의 중요정책에 대해서는 반드시 심의를 거쳐야 합니다.

국무회의도 국무총리의 지위처럼 정부형태에 따라 다릅니다. 의원내각제에서는 '내각'으로 불리며 실질적으로 행정권을 가지고 의회에 대한 연대책임을 집니다. 반면 대통령제에서는 헌법기관이 아니라 대통령이 임의로 구성하는 자문기관에 불과합니다. 한편 이원정부제에서는 내각으로서 대통령과 함께 실질적으로 행정권을 나누어 행사합니다. 대한민국 헌법은 특이하게도 대통령제를 채택하면서도 국무회의를 정책심의기관으로서 설치하도록 규정하고 있습니다.

국무회의는 이름대로 집단적 회의체입니다. 인간은 사회적 존재라서 특정한 공통점을 매개로 '우리'를 형성하고 집단화하는 특성이 있습니다. 나는 나와 동류의 인간과 함께 공동체를 형성하지만, 공동체는 타자를 배제하고 경쟁 상대로 인식하게도 만듭니다. 뿐만 아니라 공동체에게는 단순히 개인의 총합이 아니라 플러스알파의 힘도 있습니다. 집단의 가면 뒤에 숨을 때 선행보다 악행을 쉽게 행하고 책임감도 약해지는 나를 경계해야 할 것입니다.

제89조

다음 사항은 국무회의의 심의를 거쳐야 한다.

① 국정의 기본계획과 정부의 일반정책

② 선전·강화 기타 중요한 대외정책

③ 헌법개정안·국민투표안·조약안·법률안 및 대통령령안

④ 예산안·결산·국유재산처분의 기본계획·국가의 부담이 될 계약

기타 재정에 관한 중요사항

⑤ 대통령의 긴급명령·긴급재정경제처분 및 명령 또는 계엄과 그 해제

⑥ 군사에 관한 중요사항

⑦ 국회의 임시회 집회의 요구

⑧ 영전수여

⑨ 사면·감형과 복권

⑩ 행정각부간의 권한의 획정

⑪ 정부 안의 권한의 위임 또는 배정에 관한 기본계획

⑫ 국정처리상황의 평가·분석

⑬ 행정각부의 중요한 정책의 수립과 조정

⑭ 정당해산의 제소

⑮ 정부에 제출 또는 회부된 정부의 정책에 관계되는 청원의 심사

⑯ 검찰총장·합동참모의장·각군참모총장·국립대학교총장·대사

기타 법률이 정한 공무원과 국영기업체관리자의 임명

⑰ 기타 대통령·국무총리 또는 국무위원이 제출한 사항

국정이 올바른 길을 걷는 법

헌법은 반드시 국무회의의 심의를 거쳐야 할 필수적 심의사항을 자세하게 열거합니다. 정부의 정책, 국정처리상황의 평가와 분석은 물론이고 기타 대통령과 국무총리 또는 국무위원이 제출한 사항까지 포함되므로 사실상 정부의 권한에 속하는 모든 사안이 국무회의에서 다루어집니다. 국무회의는 행정각부의 정책을 통합하고 조정함으로써 대통령을 보좌하는 동시에 심의를 통해 대통령의 권한을 어느 정도 통제합니다.

대통령은 국무회의의 의장으로 회의를 주재하고, 부의장인 국무총리와 국무위원은 대통령의 보좌기관이므로 사실상 국무회의가 대통령의 국법행사를 통제하는 기능은 약합니다. 그럼에도 대통령이 국법상 행위를 하기 전에 국무회의의 심의를 거치지 않으면 위헌이고, 그 행위는 무효가 됩니다. 다만 대통령은 국무회의를 거치더라도 그 심의결과에 구속되지 않고 그와 다르게 정책결정을 할 수도 있습니다. 즉, 국무회의는 의결기관이 아니므로 심의 그 자체는 아무런 법적 효과를 발생시키지 않는 것입니다.

1948년 건국헌법은 대통령중심제를 채택하면서도 국무총리와 국무위원으로 조직된 국무원을 의결기관으로 설치했고, 1960년 개헌에서 의원내각제를 채택해 국무원에게 실질적인 행정권을 부여했습니다. 그 후 1962년 헌법은 대통령제를 채택해 국무회의를 정책심의기관으로 규정하고 현재까지 그대로 유지하고 있습니다. 다만 전술한 듯이 국무총리·국무위원이 대통령에 의해 임명된다는 점을 고려하면 실질적으로 국정통제기능을 기대하기는 어렵습니다.

헌법에 국무회의의 심의를 거쳐야 할 사항을 구체적으로 규정해둔 이유는 대통령이 국정수행에서 올바른 길을 찾도록 하기 위함입니다. 다만 그 길에 도달하는 길은 여러 가지가 있을 수 있습니다. 국무회의가 국정의 길을 제시하더라도 대통령은 재량으로 목적지에 이르는 다른 길을 선택할 수 있습니다. 인생도 마찬가지입니다. 목적지가 정해져 있어도 다양한 길을 거쳐 도달할 수 있습니다. 나는 나의 길이 보이지 않으면 찾을 것이고, 찾을 수 없으면 길을 만들 것입니다.

제90조

1. 국정의 중요한 사항에 관한 대통령의 자문에 응하기 위하여
국가원로로 구성되는 국가원로자문회의를 둘 수 있다.

2. 국가원로자문회의의 의장은 직전대통령이 된다.
다만, 직전대통령이 없을 때에는 대통령이 지명한다.

3. 국가원로자문회의의 조직·직무범위
기타 필요한 사항은 법률로 정한다.

오래 산 이에게서 배우는 지혜

헌법은 국가원로자문회의를 둘 수 있도록 규정합니다. 국가원로자문회의는 국정의 중요한 사항에 관한 대통령의 자문에 응하며, 국가원로의 경험과 지혜를 나누어줍니다. 국가원로자문회의는 자문기관이므로 일정한 사항을 의결해 결정하더라도 아무런 법적 효력을 발생시키지 않고, 대통령도 이에 구속되지 않고 임의적으로 국정에 참고할 뿐입니다. 또한 헌법은 '국가원로자문회의를 둘 수 있다'라고 규정하므로 실제로 구성하지 않더라도 위헌이 아닙니다.

국가원로자문회의는 어떻게 구성될까요? 헌법은 국가원로자문회의가 구성될 경우에는 직전대통령이 의장이 되며, 직전대통령이 없을 때에는 대통령이 지명하도록 합니다. 이는 직전대통령이 있다면 당연히 국가원로자문회의의 구성원에 포함되도록 예정한 것입니다. 또한 헌법은 국가원로자문회의의 조직·직무 범위 등 기타 필요한 사항은 법률로 정하도록 규정하지만, 현재 이에 관한 법률은 제정되어 있지 않으며 국가원로자문회의도 구성되어 있지 않습니다.

우리나라는 1980년 헌법에서 처음으로 대통령의 자문에 응하기 위해 국가원로로 구성된 국정자문회의를 둘 수 있도록 규정했습니다. 1987년 개정된 현행 헌법에서 국가원로자문회의로 그 명칭을 변경했고, 1988년에는 국가원로자문회의법이 제정되었다가 이듬해 폐지되었습니다. 이는 우리 헌정사에서 직전대통령을 대표로 하는 국가원로에 대한 부정적인 시각이 있었음을 시사합니다.

국가 원로元老는 국정 경험과 공로가 많아 존중을 받는 으뜸가는 어른입니다. 다만 원로가 대통령에게 자문하는 것이 옳은지는 모르겠습니다. 인간의 경험치는 과대평가될 수 있고, 삶의 지혜가 아니라 왜곡된 옹고집으로 나타날 수도 있기 때문입니다. 인간은 나이가 들면서 얻는 것보다 잃는 것이 많습니다. 인류는 오래된 종이지만 인간 개개인은 언제나 어린이라는 말에 공감합니다. 나는 지극히 편협하고 제한된 나의 경험을 언제나 신중하고 조심스럽게 들여다보려고 노력합니다.

제91조

1. 국가안전보장에 관련되는 대외정책·군사정책과
국내정책의 수립에 관하여 국무회의의 심의에 앞서
대통령의 자문에 응하기 위하여 국가안전보장회의를 둔다.

2. 국가안전보장회의는 대통령이 주재한다.

3. 국가안전보장회의의 조직·직무범위
기타 필요한 사항은 법률로 정한다.

적도 편도 없는 것이 평화다

헌법은 국가의 안전과 밀접한 대외정책·군사정책·국내정책의 수립에 대해 대통령이 자문할 수 있는 국가안전보장회의를 두도록 규정합니다. 국가안전보장회의는 대통령이 주재하며 국무총리, 외교부장관, 통일부장관, 국방부장관 등으로 구성됩니다. 헌법은 '국가안전보장회의를 둔다'라고 규정하므로 국가안전보장회의는 반드시 설치되어야 하는 필수기관입니다. 만약 대통령이 국가안전보장회의를 설치하지 않으면 위헌입니다.

헌법은 국가안전보장회의의 조직·직무범위 등 기타 필요한 사항은 국가안전보장회의법이 정하도록 위임합니다. 국가안전보장회의에는 사안의 중대성에 따라 국무위원이 아닌 고위공무원도 위원으로 참여합니다. 즉 국가정보원장, 대통령비서실장, 국가안보실장 등도 참여할 수 있으며, 상임위원회와 사무처도 둘 수 있습니다. 국가안전보장회의는 자문기관이지만, 안건에 대해 심의하고 의결할 수도 있습니다.

한반도는 6·25전쟁을 경험한 이후 남북한으로 분단되어 긴장과 갈등을 근본적으로 해소하지 못하고 있습니다. 최근에는 북한의 핵무기 개발과 미사일 발사로 인해 대한민국의 안전도 위협받고 있습니다. 대통령은 긴급히 필요한 경우, 국가안전보장회의를 수시로 소집해 대외정책·군사정책에 대해 자문을 받아야 합니다. 이때 국가안전보장회의는 국가의 안전과 헌법을 수호하는 의무를 수행합니다.

국가의 안전은 외적의 존재를 전제로 합니다. 전시가 아니더라도 모든 외국은 적이 될 가능성이 있습니다. 군대는 적, 특히 주적이 있어야 정당하게 존재합니다. 한반도의 특수한 상황으로 인해 북한은 대한민국의 주적으로 여겨집니다. 내 삶을 평화롭게 하고 적을 만들지 않으려면 내 편을 만들지 않으면 됩니다. 피아彼我와 아적我敵을 구분하는 행위는 서로에 대한 불신을 확대재생산할 뿐입니다. 어쩌면 나조차도 내 편이 아닐지 모른다는 사실을 명심해야 합니다.

제92조

1. 평화통일정책의 수립에 관한 대통령의 자문에 응하기 위하여 민주평화통일자문회의를 둘 수 있다.

2. 민주평화통일자문회의의 조직·직무범위 기타 필요한 사항은 법률로 정한다.

통일을 준비하는 바람직한 태도

헌법은 평화통일정책의 수립을 위해 대통령이 자문할 수 있는 민주평화통일자문회의를 둘 수 있다고 규정합니다. 민주평화통일자문회의는 국가원로자문회의와 같이 반드시 설치해야 하는 필수기관이 아닌 임의적 헌법기관입니다. 민주평화통일자문회의는 재적위원 과반수의 출석으로 개의하고 출석위원 과반수의 찬성으로 의결하지만, 대통령의 자문기관이므로 그 의결은 아무런 법적 효력을 발생시키지 않으며 대통령도 이에 구속되지 않습니다.

한편 민주평화통일자문회의법은 민주평화통일자문회의의 조직·직무범위 등 기타 필요한 사항을 자세하게 규정합니다. 민주평화통일자문회의는 대통령이 의장이 되고, 국민이 선출한 지역대표와 정당 등 단체의 직능별 대표 중에 대통령이 위촉하는 7,000인 이상의 위원으로 구성됩니다. 또한 상임위원회·운영위원회·사무처를 두고, 평화통일을 추진하기 위해 통일촉진기금을 따로 설치·운용할 수 있습니다.

대통령은 평화통일정책을 수립하고 시행하는 최고책임자이며, 평화통일은 대한민국이 추구해야 할 미래상이자 현실적 과제입니다. 국가는 이념적 스펙트럼에 따라 다양하게 통일정책을 수립할 수 있습니다. 통일정책은 국민적 합의를 바탕으로 추진되어야 하는데, 현실적으로 민주평화통일자문회의가 대표성을 지니고 국민적 합의를 제대로 반영하는지에 대해서는 비판도 있습니다. 민주평화통일자문회의가 헌법기관으로 제대로 기능하려면 체질을 개선해야 합니다.

통일은 단순히 대한민국의 연장이 아니라 새로운 국가공동체를 창조하는 작업입니다. 남북관계뿐만 아니라 국제환경에 의존하는 통일은 그 과정에서 혁명적 상황을 맞이할 수도 있습니다. 혁명革命은 천명天命을 바꾸는 것이므로 폭력적 성격을 지닙니다. 칼을 뽑기 전에 무를 베는 것이 상책이듯이, 혁명은 마음속에만 간직한 채로 개혁하는 것이 가장 안전합니다. 용기 있는 자는 실천하고, 지혜로운 자는 꿈에 머물며, 용기 있고 지혜로운 자는 꿈을 버릴 줄도 압니다.

제93조

1. 국민경제의 발전을 위한 중요정책의 수립에 관하여
대통령의 자문에 응하기 위하여
국민경제자문회의를 둘 수 있다.

2. 국민경제자문회의의 조직·직무범위
기타 필요한 사항은 법률로 정한다.

인구감소는 과연 심각한 문제일까

헌법은 경제발전을 위해 대통령이 자문하는 국민경제자문회의를 둘 수 있다고 규정합니다. 국민경제자문회의도 반드시 설치해야 하는 필수기관은 아니고 임의적 헌법기관입니다. 국민경제자문회의는 재적위원 과반수의 출석으로 개의하고 출석위원 과반수의 찬성으로 의결합니다. 하지만 대통령의 자문기관일 뿐이므로 그 의결은 아무런 법적 효력을 발생시키지 않고, 대통령도 이에 구속되지 않습니다.

헌법은 국민경제자문회의의 조직·직무범위 등 기타 필요한 사항은 법률로 정하도록 위임합니다. 국민경제자문회의법에 따르면 국민경제자문회의는 대통령이 의장이며, 당연직·위촉직·지명직 위원으로 구성되고, 위촉직 위원은 30인 이내입니다. 국민경제자문회의는 민주평화통일자문회의와 마찬가지로 국무회의의 심의에 앞서 개최되어야 하는 것은 아닙니다. 이는 국가안전보장회의가 국무회의의 심의에 앞서 반드시 개최되는 것과 다른 점입니다.

국가는 개인이 '잘 먹고 잘 살기' 위해 존재하며, 이는 현실적으로 경제 문제로 귀결됩니다. 헌법이 대통령에게 경제정책에 대해 자문하는 헌법기관을 둘 수 있도록 한 것은 경제가 국가의 안전보장이나 평화통일만큼 어렵고 중요한 정책적 과제라는 것을 보여줍니다. 현대국가에서 플라톤이 이상향으로 제시한 철인정치는 실현하기 어렵습니다. 대통령은 전문가의 의견을 들어 경제정책의 기본 방향을 제대로 설정해야 합니다.

오늘날 국가경제적 관점에서 저출산은 시급히 해결해야 할 과제로 대두되었습니다. 다만 이는 인구감소로 인한 생산력 저하와 같이 주로 국가적 단위에서 경제발전을 기준으로 평가한 것입니다. 과거에는 인구증가를 국가적 재앙으로 인식한 역사도 있는 것을 보면 더욱 그렇습니다. 지구가 인간과 공존하기 위해 전쟁, 전염병, 자연재해 등을 통해 적절한 인구수를 스스로 조절한다는 관점도 있습니다. 즉, 인간과 자연이 공존하며 삶의 질을 향상하려면 저출산은 해결해야 할 문제가 아니라 오히려 긍정적인 신호일 수도 있는 것입니다.

제3관 행정각부

제94조

행정각부의 장은 국무위원 중에서
국무총리의 제청으로 대통령이 임명한다.

늑대와 스프링벅의 어리석음

행정각부의 장은 대통령과 국무총리의 지휘·감독하에 소관업무를 담당하는 중앙행정기관입니다. 또한 이들은 자신의 부에 속하는 사무를 통할하고 소속된 행정기관을 지휘·감독합니다. 행정각부의 장은 국무위원 중에서 국무총리의 제청으로 대통령이 임명합니다. 만약 국무위원이 해임 등의 사유로 그 자격을 상실하면 행정각부의 장의 자격도 상실합니다. 반대도 마찬가지입니다. 행정각부의 장이 탄핵 등의 사유로 자격을 상실하면 국무위원의 자격도 상실합니다.

행정각부의 장과 국무위원은 어떻게 다를까요? 행정각부의 장은 대통령이 국무위원 중에서 임명하므로 기본적으로 국무위원의 지위도 함께 지닙니다. 또한 헌법은 국무위원을 대통령의 보좌기관으로 규정합니다. 하지만 국무위원과 행정각부의 장은 법적으로 서로 다른 지위입니다. 현실적으로 국무총리의 통할권과 국무회의의 성격을 고려했을 때 국무위원 대신 행정각부의 장을 대통령의 보좌기관이자 국법상 행위에 부서하는 주체로 인정하는 것이 더 적절합니다.

현대국가에서 개인은 국가와 불가분의 관계를 맺으며 폭력적 속성을 지닌 국가권력에 노예화될 위험이 있습니다. 헌법은 사적 영역에서 개인의 다양성을 보장하는 원심력과 국가권력이 궤도를 이탈하지 않도록 잡아두는 구심력의 균형을 만들어야 합니다. 국가의 행정조직에도 불필요한 것은 존재하지 않아야 합니다. 최근 국무총리와 국무위원은 비효율적 조직이라는 비판이 계속되고 있습니다. 대통령을 보좌하기 위해서는 행정각부의 장의 회의체만으로 충분하다는 것입니다.

국가는 내 삶의 전제 조건입니다. 우리는 구체적인 삶의 조건 앞에서 깨어 있어야 합니다. 에스키모인은 동물의 피를 묻힌 칼을 눈밭에 세워놓아 늑대를 사냥한다고 합니다. 피맛을 본 늑대가 계속해서 칼날을 핥아 죽음에 이르게 된다는 것이지요. 한편 아프리카의 산양인 스프링벅은 풀을 뜯기 위해 무리지어 나아가다 영문도 모른 채 절벽으로 몸을 던진다고 합니다. 우리는 늑대가 되어 스스로 파멸하거나, 스프링벅과 같이 어리석은 집단에 포획되어서는 안 될 것입니다.

제95조

국무총리 또는 행정각부의 장은 소관사무에 관하여
법률이나 대통령령의 위임 또는 직권으로
총리령 또는 부령을 발할 수 있다.

이익의 배분과 불이익의 부담

헌법은 대통령이 '법률을 집행하기 위하여' 명령을 발할 수 있다고 규정하고, 국무총리나 행정각부의 장은 '위임 또는 직권으로' 명령을 발할 수 있다고 규정합니다. 대통령령에 속하는 '집행명령'과 총리령·부령에 속하는 '직권명령'은 명칭은 다르지만 법적으로는 동일한 법규명령의 성격을 지닙니다. 이때 집행명령이나 직권명령은 상위법을 위반할 수 없고, 새롭게 권리의무에 관한 사항을 창설할 수 없습니다.

헌법은 대통령과 국무총리·행정각부의 장에게 행정입법권을 부여하고, 대통령령은 시행령, 총리령·부령은 시행규칙의 형식으로 발령됩니다. 국무총리와 행정각부의 장은 '소관사무에 관하여'만 총리령·부령을 발할 수 있습니다. 대통령령·총리령·부령은 모두 법규명령에 포함되므로 대외적 구속력을 갖고, 국민의 권리의무에 관한 사항을 규정할 수 있습니다. 또한 국회는 법률을 통해 대통령을 거치지 않고도 총리령과 부령에 직접 그 효력을 위임할 수 있습니다.

그렇다면 총리령은 부령보다 우월한 효력을 가질까요? 총리령은 국무총리가 단독기관으로 자신의 소관사무를 처리하기 위해 발하는 것이고, 부령은 행정각부의 장이 자신의 소관사무를 처리하기 위해 발하는 것으로 규범적으로 둘은 동일한 효력이 있습니다. 국무위원과 행정각부의 장이 동일인이더라도 국무위원은 자신의 고유한 소관사무가 없으므로 행정각부의 장의 지위에서만 부령을 발할 수 있습니다.

국민은 법률은 물론 법규명령도 준수해야 합니다. 국민에게 주어진 권리와 의무는 국가와의 관계에서 볼 때 이익의 배분과 불이익의 부담으로 치환할 수 있습니다. 이익배분의 방식은 기여한 만큼의 배분, 균등한 배분, 필요한 만큼의 배분으로 구분할 수 있습니다. 한편 불이익부담의 방식은 수익한 만큼의 부담, 균등한 부담, 능력에 따른 부담으로 구분할 수 있습니다. 정의에 부합하는 방식은 기여한 만큼의 배분과 수익한 만큼의 부담입니다. 다만, 필요한 만큼의 배분과 능력에 따른 부담을 보완적으로 적용해 격차를 해소할 수 있을 것입니다.

제96조

행정각부의 설치·조직과 직무범위는 법률로 정한다.

다양성과 평등이 공존하는 세계

행정각부는 대통령을 수반으로 하는 정부의 구성단위이자 국무총리의 지휘·감독을 받아 법률이 정한 소관사무를 처리하는 중앙행정기관입니다. 헌법은 행정각부의 설치·조직과 직무범위를 법률로 정하도록 규정합니다. 이는 대통령의 행정권 행사를 정당화하는 법적 근거를 제공하는 동시에 대통령이 임의로 행정조직을 확대하지 않도록 통제하기 위한 것입니다. 따라서 국회는 행정조직의 기본을 결정할 수 있습니다.

국무총리의 통할을 받지 않는 행정기관이 있을까요? 행정부에 소속된 중앙행정기관이 모두 '행정각부'가 되는 것은 아닙니다. 국회는 행정사무의 특성을 반영해 국무총리의 통할을 받지 않는 대통령 직속기관을 설치할 수 있습니다. 바로 대통령비서실과 국가정보원 등입니다. 한편 국가인권위원회와 고위공직자범죄수사처는 대통령의 업무지시도 받지 않는 법률상 독립된 중앙행정기관입니다. 즉 국무총리는 '행정에 관하여' 중앙행정기관을 통할하는 것입니다.

1948년 대한민국은 건국헌법으로 대통령·국회의장·대법원장과 같은 헌법기관을 구성하고, 법률 제1호로 정부조직법을 제정해 행정각부를 11부 4처 3위원회로 조직했습니다. 먼저 헌법을 제정하고 그에 따라 국회가 법률을 제정해 행정각부를 만들었다는 점에서 대한민국은 법치국가로 시작했다고 평가할 수 있습니다. 2024년 현재의 행정각부는 19부 3처 19청으로 구성되어 있습니다.

국가는 행정각부를 구성함으로써 다양성이 보장되는 평등사회를 지향합니다. 일견 대립해 보이는 다양성과 평등은 어떻게 공존할 수 있을까요? 다양성은 차이를 인정하는 것이고, 평등은 차별을 배제하는 것입니다. 이때 다양성은 서로 다르다는 사실을 수용함으로써 완성되는 가치이므로 강제할 수 없습니다. 하지만 평등은 인간을 동등하게 취급해야 한다는 규범적 가치를 따르는 것이므로 규율적 측면이 있습니다. 다양성이라는 이름으로 차별을 정당화하거나 평등을 앞세워 차이를 말살하지 않도록 주의해야 합니다.

제4관 감사원

제97조

국가의 세입·세출의 결산,
국가 및 법률이 정한 단체의 회계검사와 행정기관 및
공무원의 직무에 관한 감찰을 하기 위하여
대통령 소속하에 감사원을 둔다.

감사원은 독립기관이어야 한다

헌법은 '제4장 정부'의 '제2절 행정부'에서 '제4관 감사원'을 규정합니다. 감사원을 정부에 소속된 중앙행정기관으로 편제한 것입니다. 감사원은 국가의 세입·세출의 결산, 국가 및 법률이 정한 단체의 회계검사와 행정기관 및 공무원의 직무에 관한 감찰을 합니다. 감사원은 국가의 재정과 직무에 대한 감독권을 지니고 정부에 대한 국정통제기능을 담당하므로 정부의 수반인 대통령으로부터 직무상 독립이 보장되어야 합니다.

감사원의 직무감찰에는 적법하게 직무를 수행했는지 여부를 판단하는 비위감찰과 제도의 합리적인 운영에 관한 행정감찰이 포함됩니다. 공무원의 직무는 위법성뿐만 아니라 부당성도 감찰 대상이 됩니다. 그러나 감사원은 대통령에 소속되므로 대통령이 수장인 정부를 제대로 감시하기 어렵습니다. 또한 권력분립의 원칙에 따라 국회, 법원, 헌법재판소 소속 공무원에 대해서는 직무감찰은 할 수 없습니다.

헌법은 감사원을 필수기관으로 두지만 그 직무의 독립성에 대해서는 아무런 규정을 두지 않고 있습니다. 다만 감사원법은 감사원이 직무에 관해 독립적 지위를 지니며, 인사와 예산에서도 감사원의 독립성이 최대한 존중되어야 한다고 규정합니다. 이때 감사원의 세입·세출의 결산과 회계검사권에 대해서는 다른 나라의 사례를 참고할 필요가 있습니다. 미국·일본과 같이 정부로부터 독립된 기관에 부여하거나 영국과 같이 국회에 소속하되 독립적 권한을 부여하는 방안입니다. 물론 이를 실현하기 위해서는 헌법개정이 필요합니다.

감사監査는 국가기관의 업무수행이 규범적 기준에 적합한지를 검사하고 감찰하는 일입니다. 감사원은 균형감각을 지니고 사안을 적절히 처리해야 합니다. 여기서 균형감각이란 양쪽 극단을 가운데로 절충하는 것이 아니라, 사안의 경중에 따라 이동해 정의를 실현하는 혜안을 말합니다. 감사에서는 감사기관이 사명감이나 공명심을 갖는 것보다 감사받는 사람이 승복하는 결과를 만드는 것이 더욱 중요합니다. 아홉 명의 잘못을 놓쳐서는 안 되지만, 무고한 한 명을 만들지 않아야 합니다.

제98조

1. 감사원은 원장을 포함한 5인 이상 11인 이하의
감사위원으로 구성한다.

2. 원장은 국회의 동의를 얻어 대통령이 임명하고,
그 임기는 4년으로 하며, 1차에 한하여 중임할 수 있다.

3. 감사위원은 원장의 제청으로 대통령이 임명하고,
그 임기는 4년으로 하며, 1차에 한하여 중임할 수 있다.

핵심을 파악해야 문제를 해결할 수 있다

헌법은 감사원을 원장을 포함한 5인 이상 11인 이하의 감사위원으로 구성하도록 규정합니다. 한편 감사원법은 감사원장을 포함한 7인의 감사위원으로 구성하도록 규정하고 있습니다. 이때 감사원장은 국회의 동의를 얻어 대통령이 임명하고, 감사위원은 감사원장의 제청으로 대통령이 임명합니다. 대통령은 감사원장의 제청에 구속되지 않지만, 제청 없이 감사위원을 임명할 수는 없습니다. 감사원장과 감사위원의 임기는 4년이며 한 차례 중임할 수 있습니다.

감사원은 감사원장이 모든 것을 결정하는 독임제 단독기관이 아니라 감사위원회의의 의결을 통해 업무를 처리하는 합의기관입니다. 감사위원회의는 그 권한에 속하는 사항에 대해 의결하고 단일한 의사를 도출해야 합니다. 감사위원회의 의장은 감사원장이 맡으며, 의결은 재적위원의 과반수인 7인의 감사위원 중 4인 이상의 찬성으로 이루어집니다. 이렇게 감사위원회의 결정에 특별의결정족수를 규정해놓은 이유는 감사원의 직무에서는 업무처리의 능률성보다 객관적 공정성이 더 중요하기 때문입니다.

감사원은 중앙행정기관뿐만 지방자치단체의 사무도 감사할 수 있습니다. 지방자치단체는 위임사무와 자치사무를 처리하는데, 이때 감사원은 위임사무에 대한 위법성과 부당성, 자치사무에 대한 위법성을 감사할 수 있습니다. 감사원법은 지방자치단체의 사무에 대해 그 종류나 심사기준을 달리 정하지 않고 있지만, 자치사무의 합목적성을 심사하는 것은 타당하지 않습니다. 감사원이 자치사무에 대해서까지 심사하는 것은 지방자치권을 침해할 소지가 있기 때문입니다.

일반적으로 법률을 위반했는지보다 법률의 목적을 위반한 부당한 행위인지를 판단하는 것이 더욱 어렵습니다. 목적은 법률조항이 명시한 것보다 훨씬 추상적이기 때문입니다. 현실에서 복잡하고 어려운 문제는 단순하고 쉽게 접근해야 풀릴 때가 있습니다. 나는 사물을 대할 때 먼저 눈을 크게 뜨고 전체를 본 뒤, 눈을 가늘게 떠 중요한 것을 추리고, 마지막으로 눈을 감고 핵심을 찾습니다. 병을 알면 약이 보이듯이 현상에 대한 문제점을 제대로 파악하면 그 안에서 반드시 해결책이 보입니다.

제99조

감사원은 세입·세출의 결산을 매년 검사하여
대통령과 차년도국회에 그 결과를 보고하여야 한다.

국민의 알 권리를 보장하는 기관

감사원은 매년 세입·세출의 결산을 검사해 대통령과 차년도국회에 보고해야 합니다. 이때 감사원은 회계검사의 결과에 따라 국가의 세입·세출의 결산을 확인하므로 세입·세출의 결산검사권과 회계검사권은 서로 밀접하게 연관됩니다. 회계검사에는 필요적 회계검사와 선택적 회계검사가 있는데 국가, 지방자치단체, 한국은행과 같은 기관의 회계는 필요적 회계검사에 속합니다. 감사원이 필요하다고 인정하거나 국무총리의 요구가 있는 사항은 선택적 회계검사의 대상이 됩니다.

감사원은 헌법이 정한 감사업무를 검사보고서로 작성해 대통령에게 보고해야 합니다. 즉, 국가의 세입·세출의 결산금액과 한국은행이 제출하는 결산서의 금액이 부합하는지, 회계검사의 결과에 따라 법령 또는 예산에 위배된 사항은 없는지, 국회의 승인을 받지 않은 예비비의 지출은 없었는지 등이 주요내용입니다. 감사원의 검사보고서에 따라 대통령은 정부의 재정활동을 감독하고, 국회는 세입·세출의 결산심사권을 행사합니다.

감사원이 제대로 기능하기 위해서는 직무의 독립성과 더불어 업무의 전문성도 확보해야 합니다. 특히 회계검사는 객관적이고 학문적인 지식을 갖춘 전문가가 맡아 수행해야 합니다. 이를 위해 감사원법은 전문성을 갖춘 외부 적격자를 개방형 직위 또는 공모 직위로 임명해 운영하도록 합니다. 또한 감사교육원을 설립해 직원을 교육하고, 각종 감사제도와 방법을 연구·개발하는 감사연구원을 둬서 인프라를 구축할 수 있도록 규정합니다.

감사원은 국정에 관한 국민의 알 권리를 보장하는 기능도 합니다. '알 권리'는 국민 개개인이 정치와 사회 현실 등에 대한 정보를 자유롭게 수집할 수 있는 권리입니다. 하지만 알 권리만큼 개인의 '모를 권리'도 중요합니다. 미래는 알 수 없고 가능성으로만 만나기에 스스로 미래를 만들어갈 수 있는 자유가 보장되어야 하기 때문입니다. 한편 인간에게는 타인에게 '알릴 권리'와 타인으로부터 '잊혀질 권리'도 있습니다. 이들은 모두 타인의 알 권리와 모를 권리와도 조화를 이루어야 합니다.

제100조

감사원의 조직·직무범위·감사위원의 자격·
감사대상공무원의 범위 기타 필요한 사항은 법률로 정한다.

우리는 무엇을 알고 모르는가

헌법은 감사원의 조직·직무범위·감사위원의 자격·감사대상공무원의 범위 등을 법률로 정하도록 규정합니다. 감사원은 대통령에 소속된 감사원의 직무범위가 정부의 행정작용이기 때문에 그 독립성을 최대한 존중해야 합니다. 즉, 감사원법은 감사위원의 신분을 보장하고, 일정한 직이나 영리를 목적으로 하는 사업을 할 수 없도록 겸직을 금지하며, 정당에 가입하거나 정치운동에 관여하지 못하도록 합니다.

감사원은 감사에 관한 절차, 감사원의 내부규율과 감사사무의 처리에 관한 규칙을 제정할 수 있습니다. 감사원규칙은 국회규칙, 대법원규칙, 헌법재판소규칙, 중앙선거관리위원회규칙과 달리 헌법에 의해 직접 부여된 것이 아니라 감사원법에 의해 인정됩니다. 감사원규칙은 법규명령이 아니라 내부적 효력만 있는 행정규칙이므로 국민의 권리와 의무를 규율할 수 없습니다. 다만 감사원은 직무상 강한 독립성이 필요한 헌법기관이므로 헌법에 감사원규칙의 근거를 규정하는 것이 바람직할 것입니다.

국가가 감사원을 통해 회계검사와 직무감찰을 하는 이유는 국가권력이 헌법적으로 운영되도록 관리·감독하기 위한 것입니다. 국가기관이 큰 권력을 가질수록 그에 대한 감찰기능도 강화되어야 합니다. 다만 대통령이 감사원을 국가권력을 자의적으로 이용하는 수단으로 삼아서는 안 됩니다. 감사원 이외에 국무총리실과 중앙행정관청 등 국가기관은 자체적으로 감찰기구를 두고 있기 때문에 국가의 감찰권은 중복되지 않고 효율적이고 체계적으로 행사되어야 합니다.

인간이 무엇을 '안다'는 것은 단순히 인식하는 것부터 제대로 이해하는 것까지 다양한 의미를 함축합니다. 우리는 내가 잘 안다고 생각했던 사람에 대해 너무도 모르고 있었음을 깨닫는 순간, 모른다는 사실을 알 수도 있고 안다는 사실을 모를 수도 있음을 통찰합니다. 과연 아는 것이 힘일까요, 혹은 병일까요? 무엇을 아느냐에 따라 다르겠지만, 나에게는 나이가 들수록 알면 병이 되고 모르면 약이 되는 것이 점점 많아집니다. 인간은 덜 현명할수록 더 행복하고, 사색하는 일은 자연에 반하는 것이라는 말에 공감하게 됩니다.

"일부 국민을 오랜 세월 속이는 것은 가능하며,
전 국민을 잠시 속이는 것도 가능하지만,
전 국민을 영원히 속일 수는 없다."

에이브러햄 링컨(미국 제16대 대통령)

제5장
법원

억울한 사람이
생기지 않도록

제5장은 법원에 대해 다룹니다. 제101조부터 제110조까지 10개 조문에 법원의 구성과 운영, 권한에 대한 기본적인 사항을 규정합니다. 국회나 정부에 비해 법원에 관한 조문은 상대적으로 수가 적은데, 이는 사법권이 소극적인 국가작용임을 반영한 것입니다.

국회와 정부가 법률을 제정하고 집행하며 적극적으로 국민의 삶에 관여하는 것과 달리, 법원은 법적 분쟁이 발생한 경우에만 개입합니다. 법원의 조직과 권한은 개인의 기본권으로 보장되는 재판청구권과 권력분립에 기반한 사법권의 독립과 연관지어 해석해야 합니다.

제101조

1. 사법권은 법관으로 구성된 법원에 속한다.

2. 법원은 최고법원인 대법원과 각급법원으로 조직된다.

3. 법관의 자격은 법률로 정한다.

법원의 역할과 책무

사법권이란 법적 분쟁이 발생한 경우 독립기관이 법을 해석하고 적용할 권한입니다. 헌법은 사법권을 '법관으로 구성된 법원'에 부여합니다. 이는 공정한 재판을 위해 법률전문가인 직업법관이 법적 이성에 따라 사법권을 행사하도록 한 것입니다. 헌법은 법원이 법적 이성을 판단하기 위해 법에 대한 전문지식과 경륜을 갖춘 직업법관만이 재판을 할 수 있도록 법률로 그 자격을 규정하게 합니다.

법원은 대법원과 각급법원으로 조직됩니다. 대법원은 최고법원으로 민사·형사·행정재판과 같은 쟁송爭訟에서 최종심을 내리고 법원의 조직과 운영에 관한 사법행정권을 행사하는 기관입니다. 대한민국은 법원에 차등을 두어 상위 법원에 상소를 청구할 수 있는 심급제審級制를 허용하고, 3심제를 원칙으로 채택합니다. 선거소송, 기관소송, 특허소송의 경우 예외적으로 단심제나 2심제를 인정하지만 그 최종심은 반드시 대법원에서 내려야 합니다.

사법권은 입법권이나 행정권과 달리 구체적인 분쟁이 발생해 당사자가 재판을 청구한 경우에만 발동하는 소극적이고 수동적인 권한입니다. 입법권과 행정권이 미래지향적으로 국가의 목표를 형성하고 실행하는 반면, 사법권은 국가질서를 안정적으로 유지하는 역할을 합니다. 또한 사법권은 다수결에 기초한 민주주의보다 법치를 기반으로 소수를 보호하고 법적 안정성을 유지하는 것을 중요시합니다. 과거의 분쟁을 현재의 관점에서 해결하므로 법원 역시 상대적으로 보수적인 속성을 지닙니다.

헌법은 입법권은 '국회'에, 행정권은 '대통령을 수반으로 하는 정부'에, 사법권은 '법관으로 구성된 법원'에 속한다고 규정합니다. 권력분립을 통해 민주적 가치를 실현하는 것입니다. 다만 입법권이나 행정권과 달리 사법권은 창의적인 생산활동을 요구하지 않습니다. 사법권의 핵심 역할과 책무는 공정한 재판입니다. 그런데 최근 대학생들이 로스쿨에 몰리는 현상을 보면 권한과 인재를 적재적소에 배치하는 권력분립이라는 가치가 약화될까 봐 우려스럽습니다. 이는 국가적으로 바람직하지 않은 흐름입니다.

제102조

1. 대법원에 부를 둘 수 있다.

2. 대법원에 대법관을 둔다.
다만, 법률이 정하는 바에 의하여
대법관이 아닌 법관을 둘 수 있다.

3. 대법원과 각급법원의 조직은 법률로 정한다.

진실 확인과 판결의 어려움

대법원에는 대법관 전원으로 구성된 전원합의체와 부가 있습니다. 대법원은 원칙적으로 대법관 3분의 2 이상이 참석한 전원합의체에서 과반수의 찬성으로 심판권을 행사합니다. 다만, 대법관 3인 이상으로 구성된 부에서 먼저 사건을 심리해 의견이 일치한 경우에는 그 부에서 심판할 수 있습니다. 대법원은 대법관을 두며, 대법관이 아닌 법관도 둘 수 있습니다. 또한 법원조직법은 대법관의 수를 대법원장을 포함해 14인으로 하고, 재판연구관을 추가로 두어 사건의 심리와 재판에 관해 조사하고 연구하게 합니다.

법원조직법은 각급법원으로 고등법원, 특허법원, 지방법원, 가정법원, 행정법원, 회생법원을 두고 지방법원과 가정법원에는 지원支院, 시법원, 군법원, 등기소를 둘 수 있도록 규정합니다. 각급법원에는 판사와 사법행정에 관한 자문기관인 판사회의를 둡니다. 현재 고등법원은 서울·대전·대구·부산·광주·수원에, 특허법원은 대전에, 가정법원은 서울·인천·대전·대구·부산·울산·광주·수원에, 행정법원은 서울에, 회생법원은 서울·수원·전주·부산에 소재합니다.

재판은 공정해야 하기에 사법권은 독립되어야 합니다. 법원이 국회나 정부로부터 독립되어야 하고, 재판을 담당하는 법관의 신분이 보장되어야 하며, 재판은 내외부의 간섭을 받지 않아야 합니다. 그리고 사법권의 독립은 최종적으로 재판의 독립으로 보장됩니다. 앞서 이야기한 법원의 독립이나 법관의 신분보장도 모두 재판의 독립을 위한 것입니다. 국회와 정부는 헌법이 부여한 권한의 범위에서만 사법권에 관여할 수 있습니다. 또한 사법권 역시 권력분립에 따라 헌법과 법률이 정한 권한을 남용하지 않아야 합니다.

재판은 증거를 기반으로 사실관계를 판단하고 법률을 해석해 사건에 적용하는 과정입니다. 이때 인간은 과거에 발생한 일을 그대로 재현해내지는 못합니다. 재판에서 말하는 사실관계는 증거에 의해 만들어진 진실에 불과하며, 실체적 진실은 인간의 판단력 너머에 존재할 뿐입니다. 한편 진실이란 진리에 합치되는 진짜 사실이고, 진리는 시간과 공간을 초월한 보편적인 참된 이치를 말합니다. 진리를 발견하는 것은 인간의 영원한 숙제이기도 합니다.

제103조

법관은 헌법과 법률에 의하여
그 양심에 따라 독립하여 심판한다.

정의로운 재판을 위한 법관의 양심

법치국가에서 법관은 헌법과 법률에 의해 재판해야 합니다. 여기서 말하는 법률은 국회에서 제정한 법률뿐만 아니라 긴급명령, 법적 효력을 갖는 조약 등 실질적 의미의 법률을 모두 포함합니다. 재판 중 사건에 적용되는 법률이 위헌이라고 판단되면 법관은 재판을 정지하고 헌법재판소에 위헌법률심판을 제청해야 하며, 이후 결과에 따라 재판을 재개해야 합니다. 사건에 적용할 법률이 없는 경우 법 원칙을 새로 창조할 수도 있는데, 이때에도 헌법을 위반해서는 안 됩니다.

헌법은 제19조에서 국민의 양심의 자유를 규정합니다. 즉 법관도 사적 영역에서는 개인적인 양심의 자유가 있습니다. 하지만 헌법은 제46조와 제103조에서 국회의원과 법관의 직업적 양심을 규정합니다. 국회의원은 '국가이익을 우선하여' 직무를 수행해야 하며, 법관은 '헌법과 법률에 의하여' 권한을 행사해야 합니다. 이때 국회의원은 여러 의견을 수용해 국가이익을 판단하는 개방적 양심을 따르지만, 법관에게는 사법권의 독립을 위해 외부의 영향력을 배제하는 폐쇄된 양심이 요구됩니다.

법관의 양심은 직업적으로 요구되는 양심이지만, 내심적內心的 결단이므로 객관화하기가 어렵습니다. 그럼에도 법관은 최선을 다해 직업적 양심에 따라 판결을 내려야 합니다. 재판과 관계없는 사적 영역에서는 개인적인 양심의 자유가 있지만, 그것이 법관의 양심과 충돌할 경우에는 개인의 양심을 희생해야 합니다. 이때 법관은 기본권의 주체가 아니라 기본권을 실현해야 할 공권력의 주체이기 때문입니다.

인간이 인간을 심판할 수 있을까요? 성경에는 "너희는 재판할 때에 불의를 행하지 말며 가난한 자의 편을 들지 말며 세력 있는 자라고 두둔하지 말고 공의로 사람을 재판할지며"라는 구절이 있습니다. 정의롭게 재판하기 위해서는 가난한 자의 편을 들지 말아야 함을 먼저 언급하고, 세력 있는 자에게 비굴하지 않을 것을 그다음으로 이야기합니다. 즉 법관은 약자의 비굴함을 평등으로, 강자의 비굴함을 겸손으로 해석하는 것을 경계해야 합니다.

제104조

1. 대법원장은 국회의 동의를 얻어 대통령이 임명한다.

2. 대법관은 대법원장의 제청으로
국회의 동의를 얻어 대통령이 임명한다.

3. 대법원장과 대법관이 아닌 법관은
대법관회의의 동의를 얻어 대법원장이 임명한다.

대통령이 대법원장의 제청에 따라야 하는 이유

대법원장은 국회의 동의를 얻어서, 대법관은 대법원장의 제청으로 국회의 동의를 얻어서 대통령이 임명합니다. 이때 대통령은 국가원수로서 대법원장과 대법관을 임명하는 것일 뿐 헌법적으로 우월한 지위를 지니는 것은 아닙니다. 대법관이 아닌 일반법관에 대한 임명은 대법원장이 담당하는데, 법관인사위원회의 심의를 거치고 대법관회의의 동의를 얻어 진행합니다.

대법원장은 대통령에게 대법관의 임명을 제청하기 전에 반드시 대법관후보추천위원회의 의견을 들어야 합니다. 대통령은 국무위원이나 감사위원을 임명할 때는 국무총리나 감사원장의 제청을 받지만 그 제청을 거부할 수 있습니다. 하지만 대통령이 대법관을 임명할 때는 대법원장의 제청에 구속되어 반드시 제청된 대법관을 임명해야 합니다. 대통령을 수반으로 하는 행정부 소속인 국무위원이나 감사위원과 달리 대법관은 독립된 사법기관에 속하기 때문입니다.

대법원장이 대법관의 임명에 실질적으로 관여하고 일반법관을 직접 임명하므로 사법부는 대법원 중심으로 관료화될 위험이 있습니다. 임명은 물론 연임을 위해 대법관과 일반법관이 대법원장의 눈치를 볼 우려가 있기 때문입니다. "법관은 오로지 판결로 말한다"라는 말은 법관의 출세 야욕을 배제한 직무원칙입니다. 이는 재판의 독립성이 제대로 보장될 때 기능하며 사법부가 관료화될수록 지켜지기가 어렵습니다.

재판은 인간세계에서 발생한 분쟁을 해결하는 사법적 수단일 뿐입니다. 인간인 법관이 진리를 제시하거나 진실을 밝히는 것은 불가능한 일입니다. 국가 역시 스스로 정한 답인 정답正答을 인간세계에 제시할 수 있을 뿐 정답正答을 알려주지는 못합니다. 성경에서는 "너희가 내 말에 거하면 참으로 내 제자가 되고 진리를 알지니, 진리가 너희를 자유롭게 하리라"라고 말합니다. 자유는 진리에서 나오고, 진리는 하나님의 제자가 되면 알게 된다는 것입니다. 다만 진리와 합치되는 진실은 관점에 따라 다를 수 있고, 시간이 지남에 따라 변할 수도 있습니다. 아니, 어쩌면 객관적 진실이라는 것은 존재하지 않을지도 모릅니다.

제105조

1. 대법원장의 임기는 6년으로 하며, 중임할 수 없다.

2. 대법관의 임기는 6년으로 하며,
법률이 정하는 바에 의하여 연임할 수 있다.

3. 대법원장과 대법관이 아닌 법관의 임기는 10년으로 하며,
법률이 정하는 바에 의하여 연임할 수 있다.

4. 법관의 정년은 법률로 정한다.

여론보다는 법치를

헌법은 법관의 임기와 중임에 대해 직접 규정하고, 정년에 대한 사항은 법률로 규정하도록 위임합니다. 대법원장과 대법관의 임기는 6년, 일반법관의 임기는 10년입니다. 대법원장은 중임이 불가능하지만 대법관과 일반법관은 연임에 제한이 없습니다. 법원조직법에 따르면 대법원장과 대법관의 정년은 70세, 일반법관의 정년은 65세입니다.

헌법은 임기를 규정한 헌법기관 중 대통령과 대법원장의 중임만을 금지합니다. 대통령은 행정권의 수장, 대법원장은 사법권의 수장으로서 다른 헌법기관의 구성에 관여할 수 있는 강력한 권한이 있기 때문입니다. 대법원장은 헌법재판관과 중앙선거관리위원을 지명할 수 있습니다. 법관의 임기 제한과 정년제, 대법원장의 중임 금지는 법원의 관료화와 보수화를 방지하기 위한 제도입니다. 다만, 대법관과 일반법관은 사법권의 독립을 위해 신분보장의 차원에서 연임을 허용합니다.

국가는 자력구제를 허용하지 않는 대신, 사법제도를 통해 분쟁을 해결해 국민의 권리를 보호합니다. 동시에 국가는 법을 통해 권력을 행사하고, 법은 강제성을 통해 위력을 드러냅니다. 국회와 정부는 정치를 할 때 민주주의에 따라야 하고, 법원은 판결을 내릴 때 법치를 실현해야 합니다. 만약 법원이 여론에 따라 재판한다면 그 존재 의미를 상실할 것입니다. 재판의 민주적 정당성은 법치의 틀에서만 인정되기 때문입니다.

법관은 재판에서 증거로 사실관계를 잠정적으로 재구성해 법률을 적용할 조건을 확정합니다. 하지만 사실관계에서 진실과 거짓은 구별하기가 매우 어렵습니다. 게다가 열 가지 거짓을 말하는 것보다 아홉 가지 진실을 말하고 한 가지의 거짓을 말한 것이 더욱 큰 거짓일 때도 있습니다. 또한 진실의 장막은 닫혀 있는 것이 더 안전할 때도 있는 법입니다. 때로 진실은 가혹하고 현실은 냉정합니다. 진실의 진짜 적은 거짓이 아니라 진실의 신격화이며, 우상偶像을 제거할 때 진실이 드러나기도 합니다.

제106조

1. 법관은 탄핵 또는 금고 이상의 형의 선고에 의하지
아니하고는 파면되지 아니하며,
징계처분에 의하지 아니하고는
정직·감봉 기타 불리한 처분을 받지 아니한다.

2. 법관이 중대한 심신상의 장해로
직무를 수행할 수 없을 때에는
법률이 정하는 바에 의하여 퇴직하게 할 수 있다.

증거의 부재를 대하는 자세

헌법은 사법권의 독립을 위해 법관의 신분을 보장합니다. 법관은 탄핵이나 금고 이상의 형을 선고받는 경우가 아니고서는 파면되지 않으며, 징계처분에 의해서만 불리한 처분을 받습니다. 법관의 징계에는 정직·감봉·견책의 세 종류만 있습니다. 만약 법관이 직무상 의무를 위반하거나 품위를 손상시키면 법관징계위원회는 위원 과반수의 출석과 출석위원 과반수의 찬성으로 징계를 결정하고, 대법원장이 이를 행합니다. 이때 징계처분에 불복하는 경우에는 전심절차를 거치지 않고 처분의 취소를 청구해 대법원이 단심으로 재판합니다.

법관이 중대한 심신상의 장해로 직무를 수행할 수 없을 때에는 법률에 따라 퇴직하게 할 수 있습니다. 이는 법관을 강제로 퇴직시키는 근거가 되므로 요건과 절차를 엄격하게 해석해 적용해야 합니다. 또한 법관은 일정한 범위에서 겸직이 금지됩니다. 국회의원, 행정부 공무원이 될 수 없고, 정치운동에 관여하거나 영리활동을 할 수도 없습니다.

인간은 행복하게 살고자 국가를 구성하고 제도를 만들었습니다. 인간이 제도보다 본질적이지만, 현실에서는 제도가 인간에 우선합니다. 인간의 본성은 믿을 수 없고 선한 인간으로 성장하는 것은 좋은 제도를 통해서 가능하기 때문입니다. 하지만 아무리 훌륭한 사법제도를 갖추어도 법관이 재판을 잘못하면 모두 소용이 없습니다. 이것이 법관에게 엄격한 윤리를 요구하는 이유입니다. 법관은 법에 대한 전문지식만 갖추어서는 안 되고, 인간과 국가에 대한 사랑과 통찰력도 갖추어야 합니다.

법관은 법의 해석에 있어서는 전문가지만, 사실관계의 확인에서는 합리적이고 일반적인 기준으로 판단할 수밖에 없습니다. 재판에서 사실관계는 증거에 의해 진실로 인정되지만, 최종적으로는 반증反證 여부에 따라 결정됩니다. 법관은 재판에서 '증명의 부재'를 '부재의 증명'으로 해석해서는 안 됩니다. 당사자가 주장한 사실관계에 증거가 없다고 해서 그 반대사실이 진실이 되는 것은 아니기 때문입니다.

제107조

1. 법률이 헌법에 위반되는 여부가
재판의 전제가 된 경우에는
법원은 헌법재판소에 제청하여 그 심판에 의하여 재판한다.

2. 명령·규칙 또는 처분이 헌법이나 법률에 위반되는 여부가
재판의 전제가 된 경우에는
대법원은 이를 최종적으로 심사할 권한을 가진다.

3. 재판의 전심절차로서 행정심판을 할 수 있다.
행정심판의 절차는 법률로 정하되,
사법절차가 준용되어야 한다.

위헌과 위법은 누가 심판하는가

법원은 재판을 통해 법을 해석하고 적용합니다. 이때 '법'은 헌법과 법률을 포함하며, 법률은 상위법인 헌법에 위반되지 않아야 합니다. 재판을 진행하다가 관련 법률이 헌법에 위반되는지 판단해야 할 경우, 법원은 헌법재판소에 위헌법률심판을 제청해 그 결과를 기반으로 재판을 재개해야 합니다. 헌법에는 법원의 위헌법률심판제청권과 헌법재판소의 위헌법률심판권이 규정되어 있습니다. 물론 법원에게도 헌법해석권이 있지만, 위헌법률심판에서는 헌법재판소가 최종적으로 결정을 내립니다.

재판에서는 법률뿐만 아니라 명령·규칙·처분 등도 적용합니다. 이때 명령·규칙·처분의 위헌·위법 여부는 누가 판단할까요? 이 경우에는 대법원에서 최종적으로 심판합니다. 헌법은 법률에 대한 위헌 여부와 명령·규칙·처분에 대한 위헌·위법 여부를 구분해 전자는 헌법재판소, 후자는 대법원이 최종적으로 심판하도록 규정해놓은 것입니다.

법원은 국가기관과 개인 사이의 분쟁에 관해 판단하는 행정재판권도 행사합니다. 이는 공권력으로부터 개인의 권리를 보호하기 위한 것이므로 재판절차의 효율성과 공익성을 중시합니다. 특히 신속한 권리구제를 위해 행정재판의 전심절차로서의 행정심판을 허용합니다. 행정심판에서는 절차의 공정성과 객관성이 보장되도록 사법절차를 준용해야 합니다. 또한 개인이 행정심판을 거치지 않고 직접 행정소송도 제기할 수 있도록 재판청구권을 보장합니다.

인간세계에서 진실은 양쪽 극단의 중간쯤 어딘가에 있을 것입니다. 하지만 양쪽 극단이 우리와 매우 가까이 존재한다는 것이 문제입니다. 투자와 투기, 절세와 탈세, 선물과 뇌물, 차이와 차별, 우연과 운명이 구분이 어려운 회색지대에 존재하듯이 실수와 실패, 재주와 재수, 환락과 환난, 매력과 마력은 그 의미가 쉽게 혼용되어 사용됩니다. 나에게 진실인 것이 타인에게는 거짓일 수도 있고, 애초에 진실과 거짓의 문제가 아닐 수도 있는 것입니다. 그래서 나에게 법정의 재판은 한 편의 어색한 연극처럼 보일 때도 있습니다.

제108조

대법원은 법률에 저촉되지 아니하는 범위 안에서
소송에 관한 절차, 법원의 내부규율과
사무처리에 관한 규칙을 제정할 수 있다.

분쟁을 해결하기 위해서 필요한 것

대법원은 법률에 저촉되지 않는 범위 안에서 소송에 관한 절차, 법원의 내부규율, 사무처리에 관한 규칙을 제정할 수 있습니다. 이는 법원의 자율성을 보장해 사법권의 독립을 강화하고, 사법절차에 대한 전문성을 존중하기 위한 조항입니다. 대법원에서는 대법관회의의 의결을 거쳐 대법원규칙을 제정합니다. 대법원규칙제정권은 헌법에 직접 명시된 권한이므로 법률의 위임 없이 대법원에서 자율적으로 제정할 수 있습니다.

대법원규칙이 국민의 권리와 의무에 관한 사항을 규정할 수 있을까요? 대법원에서 각종 절차와 규칙을 제정할 때 반드시 법률로 구체화할 필요는 없지만, 상위법인 헌법과 법률을 위반해서는 안 됩니다. 국회가 제정한 법률은 대법원규칙보다 상위법이므로 입법권 자체는 대법원규칙으로 제한을 받지 않습니다. 그러나 대법원규칙에는 법규명령의 성격이 있기에 국민의 권리와 의무에 관한 사항을 일부 규정할 수 있고 대외적 구속력도 있습니다.

법원은 헌법과 법률에 따라 재판을 진행하지만, 법관도 인간이므로 사법권을 남용할 가능성이 있습니다. 헌법은 권력분립에 기반해 법관에 대한 탄핵소추와 심판 등 사법권을 통제할 장치를 마련해두었습니다. 하지만 외부적 통제는 사법권의 독립을 해칠 우려가 있으므로 요건과 범위를 엄격히 제한해야 합니다. 법치국가에서 사법권의 독립은 법원이 사법권을 남용하지 않음을 전제로 합니다. 한편 헌법재판소법은 법원의 재판을 헌법소원의 대상에서 제외시키는데, 이 또한 법원의 사법권을 존중하기 위해서입니다.

인간은 분쟁을 해결하기 위해 사법제도를 만들었지만, 과연 재판이 분쟁을 제대로 해결하고 있는지는 잘 모르겠습니다. 때로 재판은 인간이 자율적으로 해결할 수 있는 사안을 법적 분쟁으로 확대시키기도 합니다. 법원이 판결을 확정하더라도 법적 책임을 물을 수 있을 뿐, 피해자가 가해자를 용서하는 것은 다른 차원의 일입니다. 피해자가 용서하는 것이 가해자인지, 그 잘못된 행동인지도 명확하지 않습니다. 인간이 타인과 그 잘못을 용서하는 것이 가능한 일일까요? 내가 할 수 있는 것은 나를 향한 용서에 대한 감사뿐입니다.

제109조

재판의 심리와 판결은 공개한다.
다만, 심리는 국가의 안전보장 또는 안녕질서를 방해하거나
선량한 풍속을 해할 염려가 있을 때에는
법원의 결정으로 공개하지 아니할 수 있다.

재판 공개의 원칙

헌법은 재판의 심리와 판결을 공개하도록 규정합니다. 또한 개인의 재판청구권에는 공개재판을 받을 권리도 포함됩니다. 공정한 재판을 위해서는 사법권이 독립되어야 하고, 재판절차도 투명하고 객관적이어야 합니다. 재판을 공개하는 것은 공정성을 보장하고, 사법권에 대한 국민의 신뢰를 확보하기 위해서입니다. 국민 누구나 재판을 방청할 수 있으며, 이에 관한 보도의 자유도 허용됩니다. 다만 재판공개의 대상은 재판의 '심리와 판결'입니다.

법원이 공개해야 할 재판은 일반법원의 재판과 군사법원의 재판을 포함하며, 법정에서 증거를 제출하고 변론을 전개하는 심리과정과 최종판결입니다. 재판부 내부에서 행하는 합의과정이나 소송진행을 위한 결정과 명령은 공개대상에 포함되지 않습니다. 또한 재판의 심리도 국가의 안전보장 또는 질서를 방해하거나 선량한 풍속을 해할 염려가 있을 때는 법원의 결정으로 공개하지 않을 수 있습니다. 다만 이때에도 판결의 '선고'는 반드시 공개해야 합니다.

재판청구권은 '헌법과 법률이 정한 법관'에 의해서만 재판을 받을 권리이고, 여기서 법관이란 법률로 그 자격을 엄격하게 제한한 직업법관을 말합니다. 미국에서는 배심제, 독일에서는 참심제를 택해 직업법관이 아닌 일반인이 재판에 참여해 사실판단과 법률해석을 할 수 있지만 우리 헌법에서는 허용되지 않습니다. 배심제나 참심제를 채택하게 되면, 개인이 직업법관에 의해 재판을 받을 권리인 재판청구권을 침해하기 때문입니다.

하지만 우리나라도 지난 2008년부터 중대한 범죄에 대해서는 일반인이 배심원으로 참여할 수 있는 국민참여재판을 도입했습니다. 비록 배심원의 의견은 법관을 구속하지 않고 권고적 효력만 있지만 배심원은 사실관계의 확정, 법률의 적용, 형의 양정에 대한 의견을 법관에게 제시할 수 있습니다. 국민참여재판은 재판청구권을 침해하지 않는 범위에서 법률에 의해 인정되므로 위헌은 아닙니다. 다만 사법의 민주화라는 이름으로 이용되지 않아야 하고, 판결이 여론에 의해 좌우되지 않도록 유의해야 합니다.

제110조

1. 군사재판을 관할하기 위하여
특별법원으로서 군사법원을 둘 수 있다.

2. 군사법원의 상고심은 대법원에서 관할한다.

3. 군사법원의 조직·권한 및 재판관의 자격은 법률로 정한다.

4. 비상계엄하의 군사재판은
군인·군무원의 범죄나 군사에 관한 간첩죄의 경우와
초병·초소·유독음식물공급·포로에 관한 죄 중
법률이 정한 경우에 한하여 단심으로 할 수 있다.
다만, 사형을 선고한 경우에는 그러하지 아니하다.

사법의 정치화 vs. 정치의 사법화

헌법은 군사재판을 관할하기 위해 군사법원을 둘 수 있도록 규정합니다. 군사법원에서는 군인의 민사재판도 진행할 수 있을까요? 그렇지 않습니다. 군사법원에서는 군대의 특수성을 반영해 군인과 군무원의 범죄에 대한 형사재판만 처리합니다. 군사법원은 국방부장관에 소속된 특별법원이지만 그 상고심은 대법원에서 관할하며, 군사법원의 조직·권한·재판관의 자격은 법률로 정합니다.

군사법원은 헌법에 근거해 설치되지만 그 심판권은 헌법적 한계를 지켜야 하며 군사재판에서도 역시 사법권의 독립이 보장되어야 합니다. 다만 비상계엄 하의 군사재판에서는 예외적으로 일반인의 범죄에 대해 재판할 수 있고 간첩죄를 비롯해 법률이 정한 경우에 한해 단심으로 처리할 수 있습니다. 군사법원은 사형도 선고할 수 있지만 이는 단심으로 할 수 없고 대법원에 의해서만 가능합니다. 또한 이를 명시한 헌법 제110조 4항은 대한민국에서 사형제도를 인정한다는 강력한 근거로 제시됩니다.

정치란 국가권력을 매개로 자원과 책임을 공정하게 배분하고, 대화와 소통을 통해 다양한 가치를 조정하는 행위입니다. 사법은 재판으로 법적 정의를 실현하고 법적 가치를 구현하는 작용입니다. 정치는 개별 사안을 정의로 귀납하고, 사법은 정의를 구체적 사안에 연역합니다. 그런데 최근 정치적 사안을 놓고 재판을 진행해 사법적으로 해결하려는 시도가 급증하고 있습니다. 정치가 사법화되는 것은 국회의원이 자신에게 부여된 입법권을 스스로 포기하는 일이며 무능을 드러내는 일입니다.

더불어 사법이 정치화되고 있다는 비판도 자주 제기됩니다. 법원이 재판에서 법적 쟁점만 판단하지 않고 여론과 정치적 입장까지 고려한다는 것입니다. 법관은 재판에서 정치적 판단을 할 권한도, 정당성도 없습니다. 사법이 정치화되면 사법권의 독립성이 무너져 국민의 신뢰를 잃게 됩니다. 정치의 사법화와 사법의 정치화 모두 바람직하지 않지만, 전자는 재판의 독립이 보장되는 한 위험하지는 않습니다. 그러나 후자는 국가를 망칠 수 있어 훨씬 위험합니다.

"법은 신분이 높은 자에게 아첨하지 않고,
먹줄은 나무가 굽었다 하여 구부려 사용하지 않는다."

한비자(중국의 사상가)

제6장
헌법재판소

어떤 법도 최고법에
어긋나서는 안 된다

헌법 제6장은 헌법재판소의 구성과 운영, 권한에 대한 기본적인 사항을 규정하며 제111조부터 제113조까지 3개 조문으로 구성됩니다. 헌법재판소는 1987년 제9차 개헌 때 비로소 도입되었으며, 법원과 사법권을 나누어 갖고 헌법재판을 관할합니다.

헌법재판은 본질적으로 사법작용에 속하므로 제5장 법원과 비교하며 읽는 것이 좋습니다. 법원과 헌법재판소는 헌법이 부여한 권한을 조화롭게 행사하며 사법적 정의를 실현해야 합니다.

제111조

1. 헌법재판소는 다음 사항을 관장한다.

① 법원의 제청에 의한 법률의 위헌여부 심판

② 탄핵의 심판

③ 정당의 해산 심판

④ 국가기관 상호간, 국가기관과 지방자치단체간 및
지방자치단체 상호간의 권한쟁의에 관한 심판

⑤ 법률이 정하는 헌법소원에 관한 심판

2. 헌법재판소는 법관의 자격을 가진
9인의 재판관으로 구성하며,
재판관은 대통령이 임명한다.

3. 제2항의 재판관중 3인은 국회에서 선출하는 자를,
3인은 대법원장이 지명하는 자를 임명한다.

4. 헌법재판소의 장은 국회의 동의를 얻어
재판관 중에서 대통령이 임명한다.

헌법재판소의 역할과 책무

헌법재판이란 헌법분쟁이 발생한 경우 독립기관에서 헌법을 해석하고 적용해 그 분쟁을 해결하기 위한 재판입니다. 법률, 명령, 규칙 등 하위법이나 국가작용이 헌법에 위배되는지 심판하고 적용하는 것이지요. 헌법재판소는 법원의 제청에 의한 위헌법률심판, 탄핵심판, 정당해산심판, 권한쟁의심판, 헌법소원심판을 관장합니다. 사법권은 법원에 속하지만, 헌법재판에 속하는 심판은 법원이 아니라 헌법재판소가 관할합니다. 헌법재판 역시 사법작용이므로 사법권의 독립이 필요합니다.

헌법재판소는 대통령이 임명하는 9인의 재판관으로 구성됩니다. 그중 3인은 국회에서 선출하는자, 3인은 대법원장이 지명하는 자를 임명해야 합니다. 헌법재판소장은 대통령이 국회의 동의를 얻어 재판관 중에 임명합니다. 헌법재판소장은 대법원장과 달리 재판관의 임명제청권이 없으므로 대법관이나 중앙선거관리위원과 같은 헌법기관의 구성에 관여할 수 없습니다. 다만 대법원장은 연임이 불가능하지만 헌법재판소장은 연임이 가능합니다.

헌법재판은 헌법질서를 수호하는 것을 목적으로 합니다. 헌법재판도 사법작용에 해당하지만 입법권, 행정권, 사법권의 질서를 직접 규율하므로 일반재판과 위계가 다르며, 심판절차도 다릅니다. 헌법재판은 주로 정치적 사건을 대상으로 하고 정치현실에 막대한 영향을 미칩니다. 그렇지만 이는 헌법의 특징에서 비롯된 것일 뿐이니 헌법재판이 정치를 대신하거나 정치적 목적을 달성하기 위한 수단으로 이용되어서는 안 됩니다.

헌법재판은 1803년 미국 연방대법원의 위헌법률심판으로 처음 시작되었고, 1951년 독일이 대법원과 별도의 연방헌법재판소를 설치하며 세계적으로 확대되었습니다. 우리나라는 1948년 건국헌법으로 헌법위원회와 탄핵심판소를 규정했고, 1960년 헌법에서 헌법재판소를 규정하였으나 실제로 구성하지는 못했습니다. 1987년 개헌을 통해 비로소 헌법재판소를 설치해 오늘날까지 활발하게 헌법재판이 이루어지고 있습니다. 실례로 지난 2014년에는 정당해산을 결정하고, 2017년에는 탄핵심판으로 현직 대통령을 파면하기도 했습니다.

제112조

1. 헌법재판소 재판관의 임기는 6년으로 하며,
법률이 정하는 바에 의하여 연임할 수 있다.

2. 헌법재판소 재판관은
정당에 가입하거나 정치에 관여할 수 없다.

3. 헌법재판소 재판관은 탄핵 또는 금고 이상의
형의 선고에 의하지 아니하고는 파면되지 아니한다.

헌법재판의 엄중한 기준

헌법재판은 사법작용에 속하므로 법치와 권력분립을 실현하기 위해 독립성이 보장되어야 합니다. 헌법재판소는 국회와 정부는 물론이고 법원으로부터도 독립적이어야 합니다. 헌법재판관의 신분은 헌법에 의해 보장되는데, 헌법재판관의 임기는 6년이며 법률이 정하는 바에 의해 연임할 수 있습니다. 정당에 가입하거나 정치에 관여할 수 없으며, 탄핵이나 금고 이상의 형을 선고받지 않는 한 파면되지 않습니다. 헌법재판관은 법관과 마찬가지로 헌법과 법률에 의해, 양심에 따라 독립적으로 심판해야 합니다.

헌법재판은 헌법을 수호하는 과정이므로 헌법의 틀 안에서 작동해야 합니다. 헌법재판소는 헌법에 명시된 재판만 관할할 수 있고, 법원의 일반재판에는 관여할 수 없습니다. 헌법재판소는 때때로 통치행위와 같은 정치적인 사안을 다루게 됩니다. 이때 정치적 사건이라도 헌법분쟁에 해당하면 적극적으로 판단해야 합니다. 헌법재판소에서 사안이 정치적이라는 이유로 심판을 회피하는 것 자체가 헌법재판의 정치화를 초래할 수 있습니다.

법원과 헌법재판소는 서로 독립적인 지위를 가지고 사법권을 행사하지만 헌법과 법률을 서로 달리 해석할 가능성이 있습니다. 헌법재판소는 법원의 재판에 대해 헌법소원심판을 할 수 없고, 법원은 헌법재판소의 최종적인 헌법해석을 존중합니다. 헌법재판소는 국회의 입법형성권도 존중해 위헌법률심판에서 법률이 '헌법에 합치되는지'가 아니라 '헌법에 위반되는지'를 심사합니다. 국회에서는 헌법재판소가 위헌으로 확인한 결정을 존중해 입법에 반영해야 합니다.

헌법재판소는 민주적 정당성을 고려해 국민의 대표인 국회가 제정한 법률을 무효화할 때 신중해야 합니다. 위헌법률심판은 종종 자동차 운전에 비유되곤 합니다. 중앙선을 침범하거나 차로를 벗어나 운행하는 경우만 위헌으로 판단할 수 있습니다. 텅 빈 도로에서 1차로로 달리지 않았다고 위헌이라 할 수 없는 것입니다. 이와 마찬가지로 헌법재판소는 국회가 어떤 법률을 제정할 것인지에 대한 입법재량을 위반했을 때에만 헌법재판을 통해 규제할 수 있습니다.

제113조

1. 헌법재판소에서 법률의 위헌결정, 탄핵의 결정,
정당해산의 결정 또는 헌법소원에 관한 인용결정을 할 때에는
재판관 6인 이상의 찬성이 있어야 한다.

2. 헌법재판소는 법률에 저촉되지 아니하는 범위 안에서
심판에 관한 절차, 내부규율과 사무처리에 관한 규칙을
제정할 수 있다.

3. 헌법재판소의 조직과 운영
기타 필요한 사항은 법률로 정한다.

사법적극주의와 사법소극주의

헌법재판소에서 중요한 결정을 내릴 때에는 반드시 6인 이상의 찬성이 필요합니다. 왜 그럴까요? 헌법재판은 재판관 7인 이상의 출석으로 사건을 심리하고, 종국심리에 관여한 재판관 과반수의 찬성으로 결정을 내립니다. 하지만 법률의 위헌, 탄핵, 정당의 해산, 헌법소원에 관한 인용결정을 할 때는 특별정족수로 6인 이상의 찬성이 필요합니다. 헌법재판의 인용결정은 국가작용의 위헌성을 판단하는 일이기에 막대한 파급력을 고려해 법적 안정성을 도모하기 위한 것입니다.

헌법재판소는 법률에 저촉되지 않는 범위 안에서 심판에 관한 절차, 내부규율과 사무처리에 관한 규칙을 제정할 수 있습니다. 헌법재판소의 조직과 운영 등 기타 사항은 법률로 정합니다. 헌법재판은 헌법, 헌법재판소법, 헌법재판소규칙을 법원法源 삼아 진행됩니다. 현재 헌법재판을 규율하는 헌법소송법은 제정되어 있지 않아 민사소송, 형사소송, 행정소송 관련 법령을 표준으로 삼아 준용합니다. 헌법재판소는 헌법재판에 적용할 근거법령이 부족할 경우 법 규범을 창설하기도 합니다.

헌법재판소의 역할을 놓고 종종 사법소극주의와 사법적극주의의 관점이 대립합니다. 사법소극주의는 국회나 정부의 결정을 존중해 헌법재판권의 행사를 최대한 자제해야 한다는 것, 사법적극주의는 적극적으로 개입해 국가작용의 위헌성을 심판해야 한다는 것입니다. 헌법재판소는 기본적으로 사법소극주의에 따라 권력분립의 기초 위에서 헌법질서를 수호하기 위해 필요한 경우에는 헌법과 법률에 따라 적극적인 역할을 수행해야 합니다.

헌법재판소는 위헌법률심판과 헌법소원심판을 통해 개인의 기본권을 보장하고 대통령에 대한 탄핵심판, 정당해산심판, 권한쟁의심판을 통해 법치주의의 기본틀을 다졌다고 평가됩니다. 하지만 헌법재판이 재판관의 정치적 성향에 따라 달라지고, 대법원의 권한과 충돌하며, 재판절차에 대한 규범적 기준을 임의적으로 창설하고 있다는 비판도 제기됩니다. 헌법을 수호하는 헌법재판소가 권한을 남용하지 않도록 통제하는 것 또한 헌법의 중요한 과제입니다.

"구리로 거울을 만들면 의복을 바로잡을 수 있다.
옛일을 거울로 삼으면 나라의 흥망성쇠를 알 수 있다.
또한 남을 거울로 삼으면 내 행동의 득실을 알기 마련이다."

당 태종(중국 당나라 제2대 황제)

제7장
선거관리

올바른 대표자를
현명하게 선출하는 방법

제7장 선거관리는 선거관리위원회의 조직, 운영, 권한에 대한 기본사항을 규정하며 제114조부터 제116조까지 3개의 조문으로 구성됩니다. 선거관리위원회는 선거·투표의 관리와 정당사무를 처리하며 이는 본질적으로 행정작용에 속합니다. 그러나 헌법은 선거관리위원회를 정부 소속이 아닌 독립적인 헌법기관으로 규정해 중앙선거관리위원회를 중심으로 전국적으로 조직하게 합니다. 선거제도가 헌법에 따로 분류할 정도로 중요하다는 의미겠지요.

제7장은 제2장에서 규정하는 선거권과 공무담임권은 물론, 대통령과 국회의원선거에 관한 원칙, 국민투표와 연관해 유기적으로 해석해야 합니다.

제114조

1. 선거와 국민투표의 공정한 관리 및
정당에 관한 사무를 처리하기 위하여
선거관리위원회를 둔다.

2. 중앙선거관리위원회는 대통령이 임명하는 3인,
국회에서 선출하는 3인과
대법원장이 지명하는 3인의 위원으로 구성한다.
위원장은 위원 중에서 호선한다.

3. 위원의 임기는 6년으로 한다.

4. 위원은 정당에 가입하거나 정치에 관여할 수 없다.

5. 위원은 탄핵 또는 금고 이상의 형의 선고에 의하지 아니하고는
파면되지 아니한다.

6. 중앙선거관리위원회는 법령의 범위 안에서
선거관리·국민투표관리 또는 정당사무에 관한 규칙을
제정할 수 있으며, 법률에 저촉되지 아니하는 범위 안에서
내부규율에 관한 규칙을 제정할 수 있다.

7. 각급 선거관리위원회의 조직·직무범위
기타 필요한 사항은 법률로 정한다.

선거관리위원회는 헌법기관이다

헌법은 선거관리위원회가 선거와 투표를 관리하고 정당사무를 처리하도록 규정합니다. 선거관리위원회는 중앙선거관리위원회와 각급 선거관리위원회로 구분되며 각급 선거관리위원회의 조직과 직무범위 등 필요한 사항은 법률로 정합니다. 선거관리위원회는 합의기관으로 9인의 위원으로 구성되며, 위원 과반수의 출석과 출석위원 과반수의 찬성으로 의결합니다. 이때 위원장은 위원과 동등한 지위를 지니고 표결에 참석하되 가부 동수인 경우 결정권을 행사합니다.

선거관리위원회는 독자적인 헌법기관으로 헌법과 법률에 따라 권한을 행사합니다. 따라서 권력분립에 의거해 직무의 독립성과 정치적 중립성을 보장해야 하고, 선거관리위원회도 스스로 그 독립성과 중립성을 지켜야 합니다. 특히 중앙선거관리위원회는 대통령이 임명하는 3인, 국회가 선출하는 3인, 대법원장이 지명하는 3인의 위원으로 구성되며 위원장은 위원 중에서 구성원의 투표로 선출합니다.

중앙선거관리위원회 위원의 임기는 6년이며, 정당에 가입하거나 정치에 관여할 수 없고, 탄핵 또는 금고 이상의 형을 선고받지 않는 한 파면되지 않습니다. 이는 선거관리위원회가 헌법기관이라는 점을 고려해 위원의 신분을 보장한 것입니다. 선거관리는 입법작용과 사법작용과는 거리가 멀고, 본질적으로 행정작용에 속합니다. 그럼에도 불구하고 선거관리위원회를 헌법 제4장 정부에 포함시키지 않고 별도로 규정한 이유는 선거관리의 중요성을 반영한 것입니다.

중앙선거관리위원회의 선거관리·국민투표관리·정당사무에 관한 규칙은 '법령의 범위 안에서' 제정할 수 있습니다. 반면 내부규율에 관한 규칙은 '법률에 저촉되지 아니하는 범위 안에서' 제정할 수 있도록 해 차이를 둡니다. 하지만 헌법기관인 선거관리위원회의 자율성을 보장하기 위해서는 대법원과 같은 다른 헌법기관과 마찬가지로 모두 '법률에 저촉되지 않는 범위 안에서' 규칙을 제정할 수 있도록 해야 할 것입니다.

제115조

1. 각급 선거관리위원회는 선거인명부의 작성 등
   선거사무와 국민투표사무에 관하여
   관계 행정기관에 필요한 지시를 할 수 있다.

2. 제1항의 지시를 받은 당해 행정기관은 이에 응하여야 한다.

사람의 본성은 정해져 있지 않다

선거관리위원회는 국가·지방자치단체의 선거와 국민투표에 관한 사무를 처리합니다. 또한 농업협동조합과 같이 법률이 정하는 공공단체의 위탁선거에 관한 사무도 처리합니다. 한편 각급 선거관리위원회는 선거인명부의 작성 등 선거와 국민투표에 관한 사무에 대해 관계 행정기관에 필요한 지시를 내릴 수 있습니다. 선거관리위원회의 지시를 받은 행정기관은 그 지시에 응해야 합니다. 선거관리위원회는 헌법은 물론 정당법과 정치자금법을 준수해야 합니다.

그렇다면 선거관리위원회는 정당사무에 대해서도 행정기관에 지시할 수 있을까요? 선거관리위원회는 정당의 설립·등록과 그 취소·해산 등에 관한 사무를 처리하고, 정치자금의 기탁, 정치자금과 국고보조금을 배분하는 사무를 처리합니다. 여기서 정당이란 국가기관이 아니라 사적 결사체에 불과합니다. 다만 공적 기능을 고려해 법률로 특별히 보호하고 규율하는 것입니다. 따라서 공적 기능을 띠는 선거관리위원회의 선거사무와 달리 사적 기능을 띠는 정당사무에 관해서는 관계 행정기관에 필요한 지시를 내릴 수 없습니다.

우리나라는 역사적으로 관권에 의한 부정선거를 경험하고 이를 예방하고자 1960년 헌법부터 선거관리위원회를 헌법기관으로 설치했습니다. 선거와 국민투표는 공적 기능을 띠지만 통상적인 사무가 아니고, 정당은 국가기관이 아니므로 선거관리위원회를 독립된 헌법기관으로 규정하는 것은 적합하지 않은 면이 있습니다. 따라서 선거관리위원회는 헌법기관으로 제대로 기능할 수 있도록 스스로 끊임없이 노력해야 합니다.

인간의 본성을 보는 관점은 맹자의 성선설과 순자의 성악설로 나뉘는데, 이는 국가에도 적용할 수 있습니다. 국가는 국민의 신뢰를 좌우하는 역사적 경험에 따라 선일 수도 있고, 악일 수도 있습니다. 또한 국가는 선한 의도에도 불구하고 악한 결과를 초래하기도 합니다. 즉, 성선설과 성악설은 본성의 한 가지 측면만 강조하지만, 인간이나 국가의 속성은 그렇게 되기가 어렵습니다. 그래서 나는 본성은 선과 악으로 정해져 타고난 것이 아니라는 고자告子의 성무선악설性無善惡說에 가장 공감합니다.

제116조

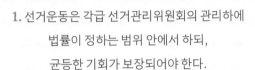

1. 선거운동은 각급 선거관리위원회의 관리하에
법률이 정하는 범위 안에서 하되,
균등한 기회가 보장되어야 한다.

2. 선거에 관한 경비는 법률이 정하는 경우를 제외하고는
정당 또는 후보자에게 부담시킬 수 없다.

삶의 허무에 무너지지 않도록

선거운동의 핵심은 자유와 공정입니다. 다만 자유는 공정을 해칠 수 있고, 공정을 지나치게 강조하면 자유가 억압될 수 있습니다. 과연 무엇이 우선일까요? 선거에서 공정은 자유를 실질적으로 보장하기 위한 것이며, 평등선거는 자유선거를 전제로 하므로 자유가 공정에 우선합니다. 여기서 평등은 '공정한 자유'의 다른 이름입니다. 헌법은 선거운동에 대해 '선거관리위원회의 관리하에 법률이 정하는 범위 안에서'만 허용하고 '균등한 기회'를 보장합니다.

또한 공직선거법은 선거운동의 자유를 보장하고, 선거의 공정성을 위해 예외적으로만 선거운동을 금지합니다. 하지만 금지하는 내용을 포괄적으로 규정해 선거운동을 할 수 있는 여지가 거의 없다는 비판도 제기됩니다. 공직선거는 정당제도와 밀접하게 관련이 있고 이들은 모두 국회가 제정한 법률을 통해 규율되지요. 다만 선거제도와 정당제도는 모두 국회가 직접적인 이해당사자가 되기에 선거와 정당에 대한 법 제도를 보다 민주적으로 개선하는 데에는 한계가 있습니다.

헌법은 선거에 관한 경비는 법률이 정하는 경우를 제외하고는 정당 또는 후보자에게 부담시킬 수 없도록 규정합니다. 선거공영제는 국가가 선거를 관리하고 그 비용을 국가의 부담으로 하는 것이며, 이는 재산에 따른 선거운동의 차별을 방지해 선거운동의 균등한 기회를 보장하기 위한 것입니다. 선거운동과 경비는 나라마다 정치현실과 선거문화에 따라 다르게 규율됩니다. 선거는 정당제도와 불가분의 관계를 맺으므로 민주적 정당제도도 마련되어야 합니다.

인간으로 태어나 살다 보면 누구나 직관적으로 삶의 허무를 깨닫습니다. 오늘 고통을 참아내도 내일 다시 반복된다는 것을 어렴풋이 느끼기도 합니다. 그래서 어떤 이는 허무에 빠져 무기력하게 살기도 하고, 어떤 이는 한 번뿐인 인생을 마음껏 하고 싶은 대로 살기도 합니다. 또 어떤 이는 이승의 미련을 버리고 천국이나 열반에 대한 희망으로 종교에 귀의하기도 합니다. 나는 삶의 허무를 그대로 수용하면서 나만의 의미를 부여하고 실천하려고 노력합니다. 천국은 지옥 안에 있고, 지옥도 천국 안에 있기 때문입니다.

"너는 아느냐?
궁중이 적막하기에 바깥 백성들이 이토록 즐거울 수 있는 것이다.
만약 궁중이 바깥처럼 즐겁다면 백성들은 곧 적막할 수밖에 없다."

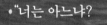
송 인종(중국 송나라 제4대 황제)

제8장
지방자치

대한민국 지방자치의
초석을 다지다

제8장은 지방자치의 조직과 사무에 대한 기본 사항을 규정하며 제117조와 제118조, 2개 조문으로 구성되어 있습니다.

지방자치란 지역을 단위로 하는 단체나 주민이 스스로 선출한 기관을 통해 지역 행정사무를 독립적으로 처리하는 것을 말합니다. 지방자치는 중앙정부와 지방정부, 국민과 주민을 구분해 해당 지역 주민이 지방정부를 자율적으로 운영할 수 있다는 것을 전제로 삼습니다. 제8장은 지방자치가 국가의 행정권을 기능적으로 배분하는 동시에 중앙정부를 통제하는 역할까지 한다는 점에 주목해 해석해야 합니다.

제117조

1. 지방자치단체는 주민의 복리에 관한
사무를 처리하고 재산을 관리하며,
법령의 범위 안에서 자치에 관한 규정을 제정할 수 있다.

2. 지방자치단체의 종류는 법률로 정한다.

풀뿌리 민주주의의 기반

지방자치단체는 주민의 복리福利에 관한 사무를 처리하고 재산을 관리하는 기관으로 국가적 차원에서 행정기관의 속성을 지닙니다. 지방자치는 국가의 행정권에서 비롯되므로 국가의 감독과 통제에서 벗어날 수 없습니다. 따라서 지방자치단체는 '법령의 범위 안에서'만 자치에 관한 규정을 제정할 수 있고, 지방의회는 조례로, 지방자치단체장은 규칙으로 자치입법권을 행사합니다. 국회는 지방자치단체의 종류, 조직, 운영에 대해 법률로 규정합니다.

지방자치는 '풀뿌리 민주주의'를 실현하고 중앙정부를 통제하는 기능을 담당하는 민주적 법치국가의 필수요소입니다. 국가는 국민주권에 따라 모든 지역에 통치권을 행사하면서도 지역적 사무에 대해서는 주민에게 자치권을 부여합니다. 이때 개인은 국가적 차원에서는 국민이고, 지역적 차원에서는 주민입니다. 지방자치단체는 광역지방단체와 기초지방단체로 구분되고, 모두 특수한 공법인公法人으로 독자적인 법인격을 지니고 권리와 의무의 주체가 됩니다.

지방자치단체는 자치사무와 위임사무를 처리합니다. 자치사무는 지방자치단체의 고유한 영역으로 주민의 복리에 관한 사무이고, 위임사무는 국가나 상급지방자치단체로부터 위임받아 처리하는 사무입니다. 위임사무는 지방자치단체가 위임받은 단체위임사무와 지방자치단체장이 위임받은 기관위임사무로 구분됩니다. 이때 자치사무와 단체위임사무는 지방자치에 포함되지만, 기관위임사무는 지방자치단체장이 하급 지방행정기관의 지위에서 집행만 대리하는 것이므로 지방자치권에 포함되지 않습니다.

지방자치제는 분권적이라는 점에서 연방제와 비슷하지만 출발점은 본질적으로 다릅니다. 지방자치는 중앙정부의 집권적 권력으로부터 이탈해 독립하는 방식으로, 연방제는 독립적으로 존재하던 지방정부가 정체성을 유지하며 중앙정부로 통합하는 방식으로 발전했습니다. 지방자치에서는 국가의 권한을 배분하지만, 연방제에서는 지방정부가 국가적 실체가 됩니다. 오늘날 양자의 차이는 상대적이며 그 정도도 좁혀지고 있어 나라마다 역사적 전통에 따라 운영되고 있습니다.

제118조

1. 지방자치단체에 의회를 둔다.

2. 지방의회의 조직·권한·의원선거와
지방자치단체의 장의 선임방법
기타 지방자치단체의 조직과 운영에 관한 사항은
법률로 정한다.

대한민국 지방자치의 짧은 역사

국회는 지방의회의 조직과 권한, 지방의회의원과 지방자치단체장의 선임방법 등에 관한 사항을 법률로 정합니다. 지방자치단체는 의결기관인 지방의회와 집행기관인 지방자치단체장으로 구성됩니다. 지역이 넓고 인구가 많은 광역자치단체에서는 교육감이 지방자치단체장을 대신해 교육과 과학 등 학예에 관한 사무를 관장합니다. 이때 지방의회의원의 임기는 4년이고 연임에 제한이 없으나 지방자치단체장과 교육감의 임기는 4년, 중임은 3회까지 가능합니다.

국가 차원에서 직접민주주의를 엄격하게 제한하는 것과는 달리 지방자치에서는 직접민주주의를 실현하는 주민참여를 적극적으로 도입하고 있습니다. 지방자치단체장은 중요한 사항에 대해 주민투표를 실시할 수 있습니다. 주민은 지방의회에 조례를 제정·개정·폐지할 것을 요청할 수 있고, 중앙행정기관이나 상급 지방자치단체에 지방자치단체의 업무에 대한 감사를 청구할 수 있으며, 지방자치단체장을 상대로 소송을 제기할 수 있습니다. 또한 주민소환투표를 통해 임기 중인 지방의회의원과 지방자치단체의 장을 해임할 수도 있습니다.

우리나라는 1948년 건국헌법에 지방자치를 규정하고 지방의회를 구성하고자 했으나 제대로 실시하지 못했습니다. 1988년에야 지방자치법을 개정했고, 1991년 지방의회 구성, 1995년 지방자치단체장 선출을 거쳐 비로소 지방자치가 시작되었습니다. 하지만 중앙정부의 간섭이 심하고 재정도 확보하지 못해 여러 폐단이 나타나기도 했습니다. 지방자치가 제대로 정착하기까지는 아직 더 많은 시간이 필요한 듯합니다.

인간에게는 지역을 단위로 군집하는 본성이 있으며, 지방자치는 국가 내에 중층적인 소규모 공동체를 형성하는 일입니다. '나'에서 '우리'로 나아가는 것은 단순히 '나'를 확장하는 것이 아니라 '너'와 '너희'를 배제하는 일입니다. 국가에서 지방자치를 어느 정도까지 인정해야 하는지에 대해서는 다양한 말이 있습니다. 말이 너무 많다는 것은 생각이 너무 많거나 소통에 서투르다는 뜻입니다. 때로 말하기 어려운 것에 대해서는 그것이 스스로 드러날 때까지 침묵하는 것도 좋은 방법입니다.

"신하가 벼슬하는 이유는 천하를 위해서이지,
군주 한 사람을 위해서가 아니다.
천하가 평안한지 혼란한지는 왕조의 흥망이 아니라,
만백성이 근심하느냐 즐거워하느냐에 달려 있다."

황종희(중국의 민권사상가)

제9장
경제

헌법에 경제질서를
규정해둔 이유

제9장은 대한민국 경제질서의 기본원리와 정책에 대해 자세히 규정하며 제119조부터 제127조까지 9개의 조문으로 구성되어 있습니다. 경제질서란 모든 국가작용에 일반적으로 적용되는 원리에 해당하며, 특정한 헌법기관의 구성과 조직에 관한 사항은 아닙니다. 그럼에도 우리 헌법에 국가의 기본원리 중 '경제'에 대해 하나의 장으로 규정해둔 것은 상당히 이례적입니다. 경제가 그만큼 중요하다는 뜻이겠지요. 제9장은 제2장에서 규정한 국민의 기본권에 속하는 재산권과 사회권은 물론, 국가작용에 해당하는 재정과 사회복지와 연관해 해석해야 합니다.

제119조

1. 대한민국의 경제질서는 개인과 기업의
경제상의 자유와 창의를 존중함을 기본으로 한다.

2. 국가는 균형있는 국민경제의 성장 및 안정과
적정한 소득의 분배를 유지하고,
시장의 지배와 경제력의 남용을 방지하며,
경제주체간의 조화를 통한 경제의 민주화를 위하여
경제에 관한 규제와 조정을 할 수 있다.

무엇이 사회적 정의인가

헌법이 규정하는 우리나라의 경제원칙은 무엇일까요? 대한민국은 자본주의에 기초한 시장경제질서를 원칙으로 채택하고, 개인과 기업이 자유와 창의를 통해 형성한 재산권을 기본권으로 보장하며 사유재산제도를 인정합니다. 즉 대한민국의 경제질서는 개인과 기업의 경제적 자유와 창의를 존중합니다. 자본주의에 기초한 시장경제질서는 자유롭고 평등한 개인이 자율적으로 행동해 최대한의 효율을 얻고 정의를 실현하는 것을 전제로 합니다. 하지만 실제 역사는 이러한 전제가 늘 충족되지는 않는다는 것을 보여줍니다.

국가는 균형 있는 국민경제의 성장과 적정한 소득의 분배를 유지하고, 일부 집단이 시장을 지배하거나 경제력을 남용하는 것을 방지해야 합니다. 또한 경제주체 사이의 조화를 유도하고 경제의 민주화를 위해 시장경제질서를 규제하고 조정할 수 있습니다. 이는 개인과 기업의 자유와 창의를 기본으로 하는 시장경제질서와 모순되는 것이 아니라 오히려 이를 보완하는 것입니다. 제119조 2항은 1항에서 규정하는 시장경제질서를 제대로 작동시켜 자유와 사회적 정의를 조화롭게 실현하기 위한 것입니다.

경제의 민주화는 사적 경제활동에 국가가 개입해서 민주주의를 실현하는 것입니다. 이를 위해 절차적으로는 모든 경제주체가 참여해 경제질서를 확립해야 합니다. 한편 내용적으로는 사회적 정의를 실현하는 것을 목표로 합니다. 여기서 사회적 정의는 관점에 따라 모든 국민에게 최소한의 생존권을 보장하는 것을 강조하기도 하고, 경제적 격차와 사회적 불평등을 해소하는 것을 강조하기도 합니다.

헌법에 경제의 민주화를 규정한 것에 대해서는 다양한 의견이 있습니다. 역사적으로 민주주의는 공적 정치영역에만 적용되며, 사적 경제영역에는 개입할 수 없다고 인식되었습니다. 하지만 점점 정치와 경제가 서로 영향을 주고받아 명확하게 구분하기가 어려워지고, 사적 영역에서 국가의 개입이 필요한 사례도 증가하고 있습니다. 때문에 헌법에 경제의 민주화를 중요한 원칙으로 규정해둔 것입니다.

제120조

1. 광물 기타 중요한 지하자원·수산자원·수력과
경제상 이용할 수 있는 자연력은
법률이 정하는 바에 의하여
일정한 기간 그 채취·개발 또는 이용을 특허할 수 있다.

2. 국토와 자원은 국가의 보호를 받으며,
국가는 그 균형있는 개발과 이용을 위하여
필요한 계획을 수립한다.

국가가 자연자원을 보호하고 관리하는 이유

헌법은 중요한 국가자원은 개인이 아닌 국가가 소유하도록 규정합니다. 중요한 자원은 국민 모두가 공동으로 이용할 수 있어야 하며, 개인이 배타적으로 독점해서는 안 됩니다. 국가는 광물을 비롯해 지하자원·수산자원·수력과 경제상 이용할 수 있는 자연력을 공공재로 인정하고 법률이 정하는 바에 의해 일정한 기간 동안 채취·개발해 이용하도록 개인이나 기업 등에 특허할 수 있을 뿐입니다.

개인은 사유재산제도에 따라 토지를 소유할 수 있지만, 광물과 같은 자연자원은 소유할 수 없고 국가의 특허를 받아 채굴권 등을 재산권으로 가질 뿐입니다. 여기서 특허란 개인적 채취 등을 원칙적으로 금하고, 예외적으로 특정인에게 특별히 권리를 부여하는 행정행위를 말합니다. 국토와 자원은 국민 모두의 공동자산이고, 인간도 자연에 포함되므로 국가는 국토와 자원을 보호하고, '균형있는 개발과 이용'을 위해 필요한 계획을 수립해야 합니다.

헌법 제9장에서는 다양한 방식으로 사회복지를 실현하고, 경제질서를 확립하기 위해 국가에 책무를 부과합니다. 자연자원과 같은 공공재를 개인이 자유롭게 이용하게 하면 인간의 이기심에 악용되어 최악의 경우에는 국가공동체가 붕괴될 수 있습니다. 이런 사달을 막고 사회를 건강하게 유지하기 위해 헌법은 국가가 개입할 권한과 의무를 부과한 것입니다. 하지만 이는 개인에게 권리로 보장된 것은 아니므로 이를 근거로 개인이 국가에게 특정한 조치를 요구할 수는 없습니다.

국가가 국토와 자원을 보호하고 개발하는 것은 궁극적으로 인간의 존엄과 가치를 실현하기 위한 것입니다. 인간은 본능적으로 자신 이외의 세계를 자신의 이익을 위한 수단으로 여기기 쉽습니다. 인간의 존엄과 가치를 실현하려면 타인을 나의 이익을 위한 수단으로 삼지 말고, 인격적으로 존중해야 합니다. 이는 먼저 내가 '나'를 인격적 존재로 대하는 것에서 출발하고, '너'와 '그'에게까지 확대해야 합니다.

제121조

1. 국가는 농지에 관하여
경자유전의 원칙이 달성될 수 있도록 노력하여야 하며,
농지의 소작제도는 금지된다.

2. 농업생산성의 제고와 농지의 합리적인 이용을 위하거나
불가피한 사정으로 발생하는 농지의 임대차와 위탁경영은
법률이 정하는 바에 의하여 인정된다.

끊임없이 개혁해야 퇴보하지 않는다

국가는 농지에 관한 경자유전耕者有田의 원칙으로 소작小作제도를 금지합니다. 경자유전이란 농사를 짓는 사람이 농지를 소유하고, 농지를 소유한 사람만이 농사를 지을 수 있다는 원칙입니다. 소작은 농지가 없는 농민이 일정한 비용을 지불하고 타인의 농지를 빌려 농사 짓는 것을 뜻하므로, 경자유전은 소작을 금지하는 것으로 실현됩니다. 헌법은 경자유전의 원칙을 선언함으로써 개인이 농지를 매개로 노예화되지 못하도록 합니다.

경자유전의 원칙을 엄격히 적용해 농지를 가진 사람만 농사를 짓도록 제한하면, 농지를 그냥 놀게 놔두는 경우가 발생합니다. 도시화로 인해 현대국가에서 농민이 현저하게 줄어든 상황에서 농업생산성을 제고하고 농지를 합리적으로 이용하도록 불가피한 사정으로 농지를 임대차하거나 위탁경영하는 것은 허용됩니다. 다만 농지의 소유자가 탈법적으로 소작제도를 이용하지 않도록 법률이 정하는 바에 의해서만 인정됩니다.

역사적으로 농지와 세금의 개혁은 새로운 왕조나 국가체제를 탄생시키는 배경이 되었습니다. 대한민국은 1949년 농지개혁법을 통해 근대적 토지제도를 확립했습니다. 이때 소유자가 직접 경작하지 않는 농지에 한해 정부가 5년간 유상으로 취득해 농민에게 분배하고 농민은 농산물로 정부에 상환하는 유상몰수와 유상분배의 형식으로 토지개혁을 했습니다. 한편, 북한은 해방 이후 무상몰수와 무상분배의 형식으로 토지개혁을 했습니다.

경제의 민주화는 진보적인 개혁의 산물입니다. 하지만 개혁은 본디 보수의 자기보존 수단으로 활용되어 왔습니다. 보수권력은 기존의 체제가 새로운 상황에 맞닥뜨렸을 때 개혁이나 혁명이라는 변화를 꾀해 권력을 유지했습니다. 보수는 자기파멸하지 않기 위해 부득이 개혁을 선택하고, 이 개혁이 개악이 아니라 개선으로 귀결되면 진보로 평가되는 것입니다. 즉 보수는 개혁을 통해 진보하고, 진보해야만 살아남을 수 있습니다. 우파든 좌파든 개혁에 실패해 개악에 이르면, 맞이하는 것은 퇴보일 뿐입니다.

제122조

국가는 국민 모두의 생산 및 생활의 기반이 되는
국토의 효율적이고 균형있는 이용·개발과 보전을 위하여
법률이 정하는 바에 의하여
그에 관한 필요한 제한과 의무를 과할 수 있다.

모든 존재의 가치와 존엄

헌법은 자연자원과 농지뿐만 아니라 국토도 국민 모두의 공공재임을 명시하고 효율적이고 균형 있게 이용·개발·보전해야 한다고 규정합니다. 국토는 우리와 후손들이 살아가는 생활의 터전이라는 것이지요. 이를 위해 개인의 기본권과 자유를 제한하거나 개인에게 의무를 부과할 수도 있습니다. 이때에도 반드시 '법률이 정하는 바에 의하여'만 가능하고, 개인의 재산권을 새롭게 침해하지 않도록 해야 합니다.

국가가 경제생활에 개입해 개인의 자유를 제한하는 모습은 나라마다 역사적 현실과 지향점에 따라 다르게 나타납니다. 대한민국은 혼합경제질서를 채택하고 있는 것으로 평가할 수 있습니다. 개인의 자율적인 선택과 운영을 보장하면서도 시장경제질서가 제대로 작동하지 않는 경우에는 국가가 개입할 수 있기 때문입니다. 다만 국가는 균형 있는 국민경제의 성장 및 안정과 같은 목적을 위해서만 개인의 경제생활에 대해 규제하고 조정할 수 있습니다.

즉, 대한민국은 경제영역에서 자유지상주의나 국가계획경제를 배제하고 국가가 '적절하게' 경제에 관해 규제와 조정을 할 수 있습니다. 또한 헌법은 경제정책에 대해 사회주의나 전체주의와 같이 시장경제질서의 근간을 훼손하지 않는 범위에서는 매우 다양한 정책을 시행할 수 있도록 허용합니다. 다시 말해 대한민국은 극단적인 좌파나 우파가 아닌 한, 정치권력을 장악한 정부가 이념적 지향점에 따라 경제정책을 자율적으로 결정할 수 있는 것입니다.

부처님의 가르침대로 "제행무상諸行無常"이고 "생멸불이生滅不二"라면 본질과 말단은 다르지 않고 나도, 인간도 모두 자연과 우주의 부분에 불과합니다. 인간은 세계와 역사를 휴머니즘Humanism의 관점에서 평가하지만, 과연 인간이 만물의 척도인지도 고민할 필요가 있습니다. 인간이 존엄하고 가치로운 존재로 살아가기 위해서는 인간만 목적적 존재로 대해서는 안 됩니다. 동물이나 식물을 포함해 내가 마주치는 모든 자연적 존재를 수단으로 여기지 말고 그 자체로 존엄하고 가치롭게 대해야 합니다.

제123조

1. 국가는 농업 및 어업을 보호·육성하기 위하여
농·어촌종합개발과 그 지원등 필요한 계획을
수립·시행하여야 한다.

2. 국가는 지역간의 균형있는 발전을 위하여
지역경제를 육성할 의무를 진다.

3. 국가는 중소기업을 보호·육성하여야 한다.

4. 국가는 농수산물의 수급균형과 유통구조의 개선에 노력하여
가격안정을 도모함으로써 농·어민의 이익을 보호한다.

5. 국가는 농·어민과 중소기업의 자조조직을 육성하여야 하며,
그 자율적 활동과 발전을 보장한다.

농어민과 중소기업이 생존하려면

국가는 지역 간의 균형 있는 발전을 위해 지역경제를 육성하고 지역별 격차를 해소해야 할 의무가 있습니다. 대한민국은 1980년대부터 급격하고도 지속적인 도시화가 추진되어 서울과 경기권에 인구가 집중되어 있습니다. 이는 출산율의 저하와 함께 지역사회의 공동화空洞化를 초래했고, 그 결과 도시에는 구직난이, 지방에는 구인난이 발생했습니다. 국가는 지역경제를 육성해 인구의 분산과 재배치를 유도하고, 국토의 균형 있는 발전을 실현해야 합니다.

구체적으로는 농어업을 보호하고 육성하기 위해 개발지원 등 필요한 계획을 국가가 수립하고 시행해야 합니다. 이를 통해 농수산물의 수급균형과 유통구조를 개선하고 가격안정을 도모함으로써 농어민의 이익을 보호해야 합니다. 또한 중소기업을 보호하고 육성해야 합니다. 국가는 농어민과 중소기업이 자조조직을 만들고 자율적으로 활동할 수 있도록 보장해 산업의 실질적 평등을 강화해야 합니다.

헌법은 전문에서 '국민생활의 균등한 향상'을 선언하고, 제2장에서 재산권과 사회권을 기본권으로 보장합니다. 따라서 제9장도 사회복지의 관점에서 해석하는 것이 옳습니다. 사회복지란 인간의 기본적 욕구를 충족시켜 삶의 조건을 보장하고, 이를 통해 사회통합을 달성하는 상태나 그러한 사회적 활동을 말합니다. 즉, 자본주의에 기초한 시장경제질서를 기본으로 하면서도 그 부작용을 시정함으로써 사회적 정의를 실현하는 것입니다. 이는 자본주의를 전면적으로 부정하는 사회주의나 공산주의와는 결이 다른 개념입니다.

인간이라는 종이 수렵채집의 시대에 살아남아 자연을 지배하는 영장류로 성장한 이유는 협동하는 능력을 발휘했기 때문입니다. 개별적으로는 나약한 인간이 직립보행을 하며 도구·불·언어를 사용함으로써 서로 협력해 외부의 적을 물리칠 수 있었던 것입니다. 나아가 인간은 농업혁명을 통해 세력을 확대하면서 지역 단위로 내적 결합을 강화해 국가를 탄생시켰습니다. 다시 말해 인간이 사회적 동물이 된 이유는 자연상태에서 생존하기 위한 선택에 불과합니다. 이제는 인간이 자연적 존재로 살아가는 것을 고민해야 할 때입니다.

제124조

국가는 건전한 소비행위를 계도하고
생산품의 품질향상을 촉구하기 위한 소비자보호운동을
법률이 정하는 바에 의하여 보장한다.

건전한 소비의 기준은 무엇인가

헌법은 국가에게 건전한 소비행위를 계도하고 생산품의 품질향상을 촉구하기 위한 소비자보호운동을 보장할 책무를 부과합니다. 국가경제는 생산과 소비가 적절하게 균형을 유지해야 성장할 수 있기 때문입니다. 개인적 차원에서 검소와 절약은 도덕적 가치로 존중되지만, 국가적 차원에서는 다르게 평가되기도 합니다. 기업이 생산한 재화와 용역에 대한 소비는 시장경제를 구성하는 필수요소이기 때문입니다. 한편 개인적 차원에서도 소모적인 소비는 낭비이지만, 생산적 소비는 창조적 경제활동에 속합니다.

그렇다면 소비자보호운동은 기본권에 속할까요? 국가는 모든 소비자보호운동이 아닌 '생산품의 품질향상을 촉구하기 위한' 소비자보호운동을 보장합니다. 즉 국가에게 소비자보호운동을 보장할 책무를 부과한 것이지, 소비자보호운동을 개인의 기본권으로 보장한 것은 아닙니다. 따라서 국민이 헌법을 근거로 국가에 소비자보호운동을 위한 특정한 조치를 요구할 수는 없습니다. 더불어 국민은 소비자보호운동이 타인의 권리와 자유를 침해하지 않도록 유의해야 합니다.

국가가 건전한 소비행위를 계도하기 위해서는 무엇이 건전한 소비인지에 대해 구별해야 하는데 그 기준은 명확하지 않습니다. 또한 국가가 건강하고 온전한 소비를 판단해 국민을 깨우치고 이끄는 것이 필요하고 바람직한 일인지도 잘 모르겠습니다. 한편 헌법이 규정한 '생산품의 품질향상을 촉구하기 위한' 소비자보호운동의 범위도 모호합니다. 다만 개인이 소비자로서 재화와 용역을 선택해 소비하는 것은 행복추구권에 포함될 수 있고, 소비자보호운동도 행복추구권에 해당할 수는 있습니다.

시장경제질서는 인간이 합리적인 소비를 한다고 전제합니다. 하지만 인간의 이성은 그렇게 합리적이지 않습니다. 더욱이 최근 크리스퍼 유전자 가위와 같은 생명공학과 챗GPT와 같은 인공지능의 발전은 인간과 이성의 개념을 새롭게 정의하도록 요구합니다. 인간의 이성이란 어떻게 정의해야 할까요? 이성은 감성의 충직한 신하일 뿐이라는 말도 일리가 있지만, 이성의 한계를 인식하고 그에 대한 새로운 정의를 고민하는 것도 이성에 의존하는 일입니다. 차라리 나는 '이성적으로' 이성을 믿지 않는 쪽을 택하기도 합니다.

제125조

국가는 대외무역을 육성하며, 이를 규제·조정할 수 있다.

경제와 국제관계의 꽃, 대외무역

헌법은 국가에게 대외무역을 육성할 책무를 부과하며, 이를 규제·조정할 수 있는 권한을 부여합니다. 대외무역이란 외국을 상대로 물품·용역·전자적 형태의 상품을 사고파는 것을 말합니다. 이때 주체는 개인이 되기도, 정부가 되기도 합니다. 국가가 대외무역을 육성하기 위해서는 무역에 관한 국제법에 따라 자유롭고 공정한 무역이 가능한 조건과 환경을 마련해야 합니다. 또한 국가는 대외무역이 개인의 직업의 자유나 재산권을 침해하지 않도록 규제할 수도 있습니다.

개인은 대외무역에서 수출입과 대금처리를 자유롭게 할 수 있습니다. 또한 자유무역질서를 유지하기 위해 거래를 성실하게 이행해야 합니다. 그렇다고 하더라도 대외무역은 개인적 차원에 국한되는 것이 아니라 국가적 차원에서 경제에 미치는 영향이 크기 때문에 국가가 규율할 수 있습니다. 특히 경제적 관점뿐만 아니라 외국과의 정치적 관계도 고려해야 합니다. 정치적 관계에 따라 대외무역 정책은 자유무역과 보호무역으로 구분됩니다.

국가가 개인의 무역을 규제·조정할 때에는 그 목적을 달성하기 위해 필요한 최소한의 범위에서만 가능합니다. 일례로 국가는 생물자원의 보호·국방상 원활한 물자 수급·과학기술의 발전·전략물자의 통제를 위해 특정한 상품을 지정해 수출입을 제한하거나 금지할 수 있습니다. 이때에도 반드시 법률에 근거를 둠으로써 개인의 기본권이 침해되지 않도록 해야 합니다.

대외무역은 개인의 경제적 자유가 국경의 범위를 넘어 해외로 확장된 것입니다. 자유는 외부의 간섭이 없는 소극적 자유와 원하는 바를 실현할 수 있는 적극적 자유로 구분됩니다. 이때 소극적 자유와 적극적 자유는 취사선택의 문제가 아니라 서로를 조건 짓는 관계입니다. 소극적 자유는 필요조건이고, 적극적 자유는 충분조건이라고 볼 수 있습니다. 국가는 소극적 자유를 보장하는 것만으로 통치를 하기에 부족하다고 판단할 때 적극적으로 개입할 수 있습니다. 다만 적극적 자유를 앞세워 소극적 자유를 침해할 수는 없습니다.

제126조

국방상 또는 국민경제상 긴절한 필요로 인하여
법률이 정하는 경우를 제외하고는,
사영기업을 국유 또는 공유로 이전하거나
그 경영을 통제 또는 관리할 수 없다.

자유는 자율로써 완성된다

국가는 사유재산제도에 기초해 재산권을 기본권으로 인정하고 사영기업에 대한 소유권을 보장합니다. 개인은 경제상의 자유를 기초로 사영기업을 운영할 수 있고, 이는 직업의 자유로 보장됩니다. 또한 사영기업의 영업의 자유도 인정합니다. 다만, 국방상 또는 국민경제상 꼭 필요한 경우에는 사영기업을 국유·공유화할 수 있고, 그 경영을 통제·관리할 수도 있습니다. 이때에도 '법률이 정하는 경우'에 한해 사영기업의 자유를 제한할 수 있습니다.

그렇다면 나의 재산은 온전히 나의 것일까요? 근대국가에서 개인의 재산권이 절대적이라는 인식은 개인이 자신의 절대적 주인이라는 개념에 기초합니다. 자신의 노동으로 획득한 결과물이 자신의 외연이 확장된 것이므로 그 소유권 또한 절대적이라는 것입니다. 하지만 인간은 자신의 절대적 주인이 될 수 없고, 재산도 개인의 노력만으로 축적되지 않습니다. 게다가 사영기업은 자연을 토대로 경영자, 종업원, 소비자가 유기적으로 결합된 운영체계입니다. 그 경영에 의해 산출된 이익도 자연과 타인을 매개로 삼기에 사회적 관련성이 있습니다.

1948년 건국헌법은 사유재산제도와 시장경제질서를 기초로 삼으면서도 사회주의적 요소를 대폭 수용했습니다. 사회정의의 실현과 균형 있는 국민경제의 발전을 기본으로 하면서 개인의 자유는 이를 침범하지 않는 범위에서만 인정한 것입니다. 중요한 지하자원은 물론 운수·통신 등 공공성을 가진 기업은 국영이나 공영으로 했으며, 대외무역도 국가의 통제하에 두었습니다. 특히 사기업에서 근로자가 이익을 균점할 권리를 수용하고 사회권으로 규정했습니다.

하고 싶은 것을 할 수 있는 힘인 자유는 미래에 대한 가능성으로 존재합니다. 이때 자유에는 하고 싶은 것을 절제하는 능력도 포함됩니다. 또한 자유는 스스로 선택하고 행동한 것에 대해 책임을 지는 자율을 통해 완성되지요. 모두의 자유를 보장하면 누구의 자유도 보장하지 못합니다. 소극적 자유나 자유방임도 국가가 아무것도 하지 않은 채 개인을 내버려두는 것을 의미하지 않습니다. 국가는 개인이 자유를 실천하기 위한 최소한의 조건과 환경을 마련해야 합니다.

제127조

1. 국가는 과학기술의 혁신과 정보 및 인력의 개발을 통하여
국민경제의 발전에 노력하여야 한다.

2. 국가는 국가표준제도를 확립한다.

3. 대통령은 제1항의 목적을 달성하기 위하여
필요한 자문기구를 둘 수 있다.

과학기술은 경제질서의 밑바탕

헌법은 국가에게 경제질서를 유지하기 위한 과학적 인프라를 구축할 책무를 부과합니다. 국가는 과학기술의 혁신과 정보 및 인력의 개발을 통해 국민경제의 발전에 노력해야 합니다. 현대국가에서 과학기술, 정보, 인력은 국가경제를 발전시키는 필수적인 사회적 기반이고, 이는 개인의 노력만으로는 구축할 수 없습니다. 또한 국가는 사회적 기반을 안정적으로 유지하기 위해 국가표준제도를 확립해야 합니다. 세계화시대에 국가표준제도는 국제적 표준에도 부합해야 국가경제에 도움이 됩니다.

대통령은 과학적 인프라를 구축하기 위해 자문기구를 둘 수 있습니다. 헌법은 직접 국가과학기술자문회의를 규정하지 않고 이를 구성할 수 있는 근거를 제시할 뿐입니다. 즉 국가과학기술자문회의는 헌법기관이 아니며, 법률에 의해 설치되는 임의적 자문기관입니다. 국가과학기술자문회의법에 따라 국가과학기술자문회의는 대통령의 자문기구로서 대통령이 의장이 되고, 의장 1인과 부의장 1인을 포함한 30인 이내의 위원으로 구성하도록 합니다.

사회복지는 자본주의의 문제점을 시정하는 과정에서 탄생한 개념이지만, 사회복지 역시 새로운 부작용이나 문제점을 발생시킬 수도 있음에 유의해야 합니다. 개인이 국가에 의존하게 되어 노동의욕을 상실하거나 사회적 약자의 지위가 구조화될 수도 있습니다. 또한 사회복지에 필요한 막대한 비용이 자원의 공정한 배분을 왜곡시킬 수도 있습니다. 국가는 사회복지의 이름으로 개인의 자율성을 해치고 획일적으로 통제하는 전체주의로 변질되지 않도록 노력해야 합니다.

과학이란 인간이 세계의 보편적 법칙을 발견하기 위한 체계적 지식을 말합니다. 인간은 합리적 이성을 기반으로 과학기술을 발전시켰습니다. 이제 유전자 과학과 인공지능기술의 발달은 사이버 관계까지 형성해 인간을 지배하기에 이르렀지요. 인간이 개발한 과학이 인간의 이성을 추월한 것입니다. 살다 보면 달리지 않으면 넘어지는 자전거를 타고 맹목적으로 달릴 것을 요구받기도 합니다. 하지만 주객이 전도되고 본말이 뒤바뀌지 않도록 주의해야 합니다. 내가 없는 과학은 나에게 아무런 의미가 없기 때문입니다.

"한양의 쌀값이 올랐다는 소식에
전국 각지의 장사꾼들이 쌀을 싣고 올라오고 있습니다.
그런데 만약 한양에 와도 비싸게 팔 수 없다고 한다면
그들이 그냥 돌아가지 않겠습니까.
그러면 한양에는 쌀이 당도하지 않고,
쌀값은 떨어지지 않을 것입니다.
한양 백성들을 전부 굶겨 죽일 작정이십니까?"

연암 박지원

제10장
헌법개정

헌법은 함부로
바꿀 수 없다

제10장은 헌법개정에 대해 다루며 제128조부터 제130조까지 3개 조문으로 구성됩니다. 헌법개정이란 헌법에 정해진 절차에 따라 그 동일성을 유지하며 헌법의 일부를 고치는 과정을 말합니다.

헌법에 헌법개정에 대해 규정해둔 이유는 무엇일까요? 바로 역사적 현실을 반영하기 위해서입니다. 헌법을 수정해야 할 상황이 오면 기존 헌법을 파괴하지 않고 개정하기 위한 구체적인 과정과 방법을 헌법 안에 마련해둔 것이지요.

제128조

1. 헌법개정은 국회재적의원 과반수
또는 대통령의 발의로 제안된다.

2. 대통령의 임기연장 또는 중임변경을 위한 헌법개정은
그 헌법개정 제안 당시의 대통령에 대하여는 효력이 없다.

개선과 개악 사이

헌법은 정치현실이 헌법의 틀 바깥으로 벗어나지 않도록 규율합니다. 하지만 헌법도 역사적 산물이기에 정치현실의 변화에 따라 시대에 뒤떨어지는 경우에는 개정을 거쳐 규범력을 확보할 필요가 있습니다. 헌법개정은 발의, 공고, 국회의결, 국민투표, 공포의 절차를 거쳐 이루어집니다. 국회의 재적의원 과반수와 대통령은 주권자의 민주적 정당성에 기초해 헌법개정을 발의할 수 있습니다.

대통령의 임기를 연장하거나 중임을 가능하게 하는 헌법개정은 그 헌법개정을 제안하는 당시의 대통령에 대해서는 효력이 없습니다. 이는 헌법개정의 한계가 아니라 대통령이 장기집권을 위해 헌법을 개정하는 것을 예방하기 위한 것으로 헌법개정 그 자체가 아니라 개정의 효력범위에 대한 한계를 설정한 것입니다. 헌법개정은 반드시 규정된 절차에 따라야 합니다. 이를 위반하면 위헌이 되고, 개정된 헌법은 무효가 됩니다.

헌법개정의 절차는 나라마다 다르지만 일반적으로 법률개정보다 엄격한 절차를 거칩니다. 독일은 의회의 특별의결을 통해 헌법을 개정하고, 벨기에는 헌법개정을 위한 특별의회를 구성하며, 미국·스위스와 같은 연방국가는 주의 동의가 필요합니다. 우리나라는 국회의 특별의결과 국민투표를 거쳐야 합니다. 헌법개정은 헌법의 동일성을 유지하면서 진행되어야 하지만 이를 판단할 기준이 불명확할뿐더러 이를 심판할 사법기관도 없습니다. 따라서 헌법개정은 그 절차적 한계와 효력범위의 한계만 있을 뿐, 내용적으로는 한계가 없다고 해석됩니다.

헌법을 개정하는 일은 헌법의 규정에 따른 것이므로 점진적인 개혁의 성격을 지닙니다. 또한 급격하고 근본적인 변화를 추구하는 혁명을 수반하기도 합니다. 개혁은 기존의 질서에 변화를 초래하므로 선한 명분을 앞세우더라도 폭력적 성격을 지닙니다. 또한 개혁의 성과를 누리지 못하는 것이 개혁의 주체가 지닌 운명입니다. 왜냐하면 개혁의 주체가 새로운 개혁의 대상이 되어 청산될 때 개혁은 비로소 완성되고 개혁의 성과도 나타나기 때문입니다. 한편 헌법개정은 그 내용에 따라 개선이 될 수도, 개악이 될 수도 있기에 신중해야 합니다.

제129조

제안된 헌법개정안은 대통령이
20일 이상의 기간 이를 공고하여야 한다.

경험을 반복함으로써 깨닫는 진리

헌법개정의 주체는 최종적으로 국민이고, 헌법개정은 국민투표를 통해 확정됩니다. 국민은 직접 헌법개정안을 발의할 수 없고 발의된 헌법개정안에 대해 찬반의 투표만 가능합니다. 헌법개정안이 발의되면 대통령은 최소한 20일 이상의 기간 동안 이를 공고해야 합니다. 이로써 국민에게는 헌법개정안의 내용을 숙지하고 수렴할 수 있는 기회가 주어집니다. 하지만 그 기간이 장기화되면 국론의 분열과 국정의 혼란을 초래할 수 있으므로 적절히 제한할 필요가 있습니다.

우리나라에서 관습헌법은 인정될까요? 일례로 헌법재판소는 2004년 서울이 대한민국의 수도라는 것을 관습헌법으로 인정해 법률로 수도를 이전하는 것을 위헌이라고 결정한 바가 있습니다. 물론 사적영역을 다루는 민법에서는 사실적 관행을 관습법으로 인정하는 것이 바람직합니다. 하지만 정치영역을 규율하는 헌법에서는 형식을 지니고 문서화된 '성문헌법'을 채택한 이상 그 개념이 불명확하고 법적 안정성을 해칠 수 있는 관습헌법은 인정하지 않는 것이 더 바람직할 것입니다.

헌법을 바꾸는 것을 헌법 '개정改正'이라고 표현합니다. 이때 개정이란 헌법을 고쳐서 바르게 한다는 뜻이므로 기존의 헌법이 무언가 잘못되었다는 것을 전제로 합니다. 또한 이러한 평가는 헌법을 개정하는 사람의 관점이 반영된 것일 뿐, 개정의 대상인 헌법에 대한 객관적인 평가는 아닙니다. 따라서 헌법개정이란 주권자가 헌법을 고쳐서 다시 정한다는 의미로 헌법 '개정改定'으로 이해하는 것이 타당합니다.

대한민국이 9차례 헌법을 개정한 경험은 매우 중요합니다. 인간은 몸과 마음의 경험을 통해 자신과 세계를 인식하기 때문입니다. 우리는 구체적 경험을 축적해 추상적 이론을 만들고, 경험을 반복함으로써 진리를 깨닫습니다. 좋은 경험이 항상 내 안에서 선한 원리를 만드는 것은 아닙니다. 다만 나쁜 경험은 악한 원리로 일반화되기가 쉽습니다. 인간의 이성은 불완전하고, 감성은 변덕스러우며, 경험은 한정적이기 때문입니다. 믿음은 과거의 경험에서 비롯되고, 현재의 사랑을 거쳐 미래의 소망으로 발전하는 과정을 반복합니다.

제130조

1. 국회는 헌법개정안이 공고된 날로부터
60일 이내에 의결하여야 하며,
국회의 의결은 재적의원 3분의 2 이상의 찬성을 얻어야 한다.

2. 헌법개정안은 국회가 의결한 후 30일 이내에
국민투표에 붙여 국회의원선거권자 과반수의 투표와
투표자 과반수의 찬성을 얻어야 한다.

3. 헌법개정안이 제2항의 찬성을 얻은 때에는
헌법개정은 확정되며, 대통령은 즉시 이를 공포하여야 한다.

적절한 때에 나아가고 물러나는 것

국회는 헌법개정안이 공고된 날부터 60일 이내에 의결해야 하며, 이때 재적의원 3분의 2 이상의 찬성이 있어야 합니다. 국회가 헌법개정안을 의결하면 그날부터 30일 이내에 국민투표에 부치며, 국회의원 선거권자 과반수의 투표참여와 투표자 과반수의 찬성을 얻으면 가결됩니다. 헌법개정안이 국회나 국민투표에서 부결되면 그 개정안은 폐기됩니다. 헌법개정안이 국민투표를 통과하면 헌법개정은 확정되고, 대통령은 재의를 요구할 수 없으며 즉시 이를 공포해야 합니다.

대한민국은 1948년 헌법을 제정한 이후로 개정절차를 무시하거나 헌정이 중단된 상태에서 초헌법적 방식으로 헌법이 개정된 역사도 있습니다. 때문에 이를 새로운 '헌법제정'으로 인식할 여지도 있습니다. 사실상 헌법이 명시된 개정절차에 따라 정상적으로 개정된 것은 9차례 개정 중 3차례에 불과합니다. 하지만 헌법이 지향하는 기본가치는 달라지지 않았습니다. 게다가 개정절차가 위헌적이라고 해서 개정이 아닌 제정인 것도 아닙니다. 즉 대한민국 헌법은 스스로 전문에서 밝히고 있듯이 9차례 개정되었다고 해석해야 합니다.

헌법은 국가의 비전과 미래상을 제시하고, 이를 실현하는 방식과 절차의 기본사항을 규정합니다. 또한 개인과 국가를 통합하고 가치의 배분을 둘러싼 정치적 갈등을 해소하는 역할을 합니다. 헌법은 가치지향적이면서 정치현실을 규율하는 기본사항을 규정하므로 그 해석이 중요합니다. 한편 헌법 자체는 역사적 정치의 산물이므로 절대적 가치로 보호되지는 않습니다. 그럼에도 헌법은 개정될 때까지는 국가의 최고법이므로 국가와 국민이 모두 존중하고 준수해야 합니다.

모든 것에는 때가 있다고 합니다. 하지만 인간이 나아갈 때와 물러설 때를 아는 것은 쉽지 않습니다. 제때에 나아가지 않으면 영광을 얻을 수 없을 뿐이지만 제때에 물러나지 않으면 치욕을 당하게 됩니다. 제때 나아가는 것보다 제때 물러나는 것이 훨씬 어렵고 큰 용기가 필요한 일입니다. 때를 정하는 것은 나의 몫이 아니지만 나아가고 물러나는 것은 나의 몫일 것입니다. 꽃이 피는 것은 따스함보다는 겨울의 추위에 달려 있습니다. 매화꽃이 피었다고 봄이 온 것은 아니듯 우리의 봄은 이미 한겨울에 시작됩니다.

"산고를 겪어야 새 생명이 태어나고,
꽃샘추위를 겪어야 봄이 오며,
어둠이 지나야 새벽이 온다."

백범 김구

부칙

〈제10호, 1987. 10. 29.〉

법이 바뀌어도
세상은 계속되기에

부칙은 새로운 헌법을 시행할 때 발생하는 입법적 공백을 보완하고 법적 안정성을 확보하기 위한 경과규정입니다. 경과규정이란 법령을 제정, 개정 또는 폐지할 때 옛법에서 새로운 법으로 이행하는 과정을 원활하게 하기 위한 여러 조치를 말합니다.

1987년 제9차 개헌으로 현행헌법을 개정하며 작성된 부칙은 총 6개 조문으로 구성되어 있으며, 1988년 2월 25일부터 이 헌법을 시행한다고 명확하게 규정하고 있습니다.

제1조

이 헌법은 1988년 2월 25일부터 시행한다.
다만, 이 헌법을 시행하기 위하여 필요한 법률의 제정·개정과
이 헌법에 의한 대통령 및 국회의원의 선거
기타 이 헌법시행에 관한 준비는 이 헌법시행 전에 할 수 있다.

제2조

1. 이 헌법에 의한 최초의 대통령선거는
   이 헌법시행일 40일 전까지 실시한다.

2. 이 헌법에 의한 최초의 대통령의 임기는
   이 헌법시행일로부터 개시한다.

제3조

1. 이 헌법에 의한 최초의 국회의원선거는
이 헌법공포일로부터 6월 이내에 실시하며,
이 헌법에 의하여 선출된 최초의 국회의원의 임기는 국회의원선거후
이 헌법에 의한 국회의 최초의 집회일로부터 개시한다.

2. 이 헌법공포 당시의 국회의원의 임기는
제1항에 의한 국회의 최초의 집회일 전일까지로 한다.

제4조

1. 이 헌법시행 당시의 공무원과 정부가 임명한
기업체의 임원은 이 헌법에 의하여 임명된 것으로 본다.
다만, 이 헌법에 의하여 선임방법이나 임명권자가 변경된
공무원과 대법원장 및 감사원장은 이 헌법에 의하여
후임자가 선임될 때까지 그 직무를 행하며, 이 경우 전임자인
공무원의 임기는 후임자가 선임되는 전일까지로 한다.

2. 이 헌법시행 당시의 대법원장과 대법원판사가 아닌 법관은
제1항 단서의 규정에 불구하고 이 헌법에 의하여 임명된 것으로 본다.

3. 이 헌법 중 공무원의 임기 또는 중임제한에 관한 규정은
이 헌법에 의하여 그 공무원이 최초로
선출 또는 임명된 때로부터 적용한다.

제5조

이 헌법시행 당시의 법령과 조약은
이 헌법에 위배되지 아니하는 한
그 효력을 지속한다.

제6조

이 헌법시행 당시에 이 헌법에 의하여
새로 설치될 기관의 권한에 속하는 직무를 행하고 있는 기관은
이 헌법에 의하여 새로운 기관이 설치될 때까지
존속하며 그 직무를 행한다.

어제의 나, 오늘의 나, 내일의 나

우리 국회는 1987년 10월 29일에 헌법을 개정하며 부칙을 달아 새 헌법을 시행하기 위해 필요한 법률의 제정이나 대통령선거 등은 헌법시행 전에 할 수 있도록 규정했습니다. 대통령선거는 새 헌법의 시행일 40일 전까지 실시하고, 대통령의 임기는 시행일로부터 개시한다고 규정해 헌법 효력 발생과 동시에 새 대통령이 취임할 근거를 마련해둔 것입니다. 또한 헌법 공포일로부터 6개월 이내에 선거를 통해 국회를 구성하도록 하고 기존 국회의원의 임기는 새로운 국회가 시작되는 집회일 전일까지로 규정합니다.

　헌법개정에 따라 이전 헌법에 명시된 기관들은 권한을 유지할 근거를 상실하지만 새 헌법에 의해 새로운 헌법기관이 설치될 때까지 존속하며 직무를 수행하도록 합니다. 이는 사회혼란을 막고 업무의 연속성을 보장하기 위함입니다. 또한 개정헌법이 시행되더라도 기존의 공무원과 정부가 임명한 기업체의 임원은 새 헌법에 의해 임명된 것으로 보고 그 지위를 보장합니다. 다만 새 헌법으로 인해 선임방법이나 임명권자가 변경되는 공무원과 대법원장, 감사원장은 후임자가 뽑힐 때까지만 직무를 행하며, 임기도 후임자의 선임 전일까지로 규정합니다.

　공무원의 임기 또는 중임제한에 관한 규정은 새로운 헌법에 의해 선출되고 임명된 공무원부터 적용합니다. 기존의 법령과 조약도 개정된 헌법에 위배되지 않는 한 효력이 지속되며, 새로 설치될 기관의 권한에 속하는 직무를 행하던 기관은 새 기관이 설치될 때까지 존속하며 직무를 행하도록 규정되어 있습니다. 이는 모두 국가의 근간을 이루는 여러 헌법기관에 공백이 생기지 않도록, 연속성을 보장하기 위한 조치입니다.

　헌법은 부칙을 통해 법적 안정성을 도모합니다. 부칙은 변화 속에서도 통일성과 계속성을 유지하기 위한 수단입니다. 모든 존재는 자신만의 고유한 법을 지니고 태어나고, 매 순간 변화하며 끊임없이 자신을 새롭게 만들어갑니다. 그렇게 '어제의 나'와 '내일의 나'는 '오늘의 나'와 같으면서도 다른 존재로 살아갑니다. 어제와 똑같이 살면서 새로운 내일을 기대할 수는 없습니다. 역사적 현재를 바꾸며 새로운 과거를 창조해야 합니다.

"사람은 성인이 아닌데 누구나 잘못을 저지르지 않겠는가.
잘못을 저질렀어도 고칠 수 있다면 그보다 더 나을 수 없다."

중국의 고전 『좌전(左傳)』

일생에 한번은 헌법을 읽어라

1판 1쇄 발행 2024년 8월 5일
1판 8쇄 발행 2025년 1월 10일

지은이 이효원
발행인 박명곤 **CEO** 박지성 **CFO** 김영은
기획편집1팀 채대광, 이승미, 김윤아, 백환희, 이상지
기획편집2팀 박일귀, 이은빈, 강민형, 이지은, 박고은
디자인팀 구경표, 유채민, 윤신혜, 임지선
마케팅팀 임우열, 김은지, 전상미, 이호, 최고은

펴낸곳 (주)현대지성
출판등록 제406-2014-000124호
전화 070-7791-2136 **팩스** 0303-3444-2136
주소 서울시 강서구 마곡중앙6로 40, 장흥빌딩 10층
홈페이지 www.hdjisung.com **이메일** support@hdjisung.com
제작처 영신사

© 이효원 2024

"Curious and Creative people make Inspiring Contents"
현대지성은 여러분의 의견 하나하나를 소중히 받고 있습니다.
원고 투고, 오탈자 제보, 제휴 제안은 support@hdjisung.com으로 보내주세요.

현대지성 홈페이지

이 책을 만든 사람들
기획 이승미 **편집** 이상지, 이승미 **표지 디자인** 유어텍스트 **본문 디자인** 구혜민